Gefangen in der Box

Mein aufrichtiger Dank gilt
Gisela Nehrbaß
Ohne ihre Beteiligung und Motivation,
wäre dieses Buch nicht entstanden

Nicole Wendschuh
Für die Satz- und Covergestaltung

Ernst Crameri

Gefangen in der Box

Lebe ab sofort außerhalb der Box

Bibliografische Information der Deutschen Nationalbibliothek
Die Deutsche Nationalbibliothek verzeichnet diese Publikation
in der Deutschen Nationalbibliografie; detaillierte bibliografische Daten sind im
Internet über http://dnb.d-nb.de abrufbar

Crameri-Naturkosmetik GmbH Beauty&Wellness
1. Auflage
Druck in Deutschland

ISBN: 978-3-86689-030-5

FSC
www.fsc.org
MIX
Papier aus verantwortungsvollen Quellen
Paper from responsible sources
FSC® C105338

Inhaltsverzeichnis

Vorwort

Liebe Leser,

es ist eine sehr spannende Geschichte, was die Menschen sich da immer wieder antun. Sie sind buchstäblich in der Box gefangen und kommen fast nicht mehr raus. Das ist fatal, denn in der Box haben wir stets nur die alte Welt und die ist oft nicht erbauend.

Leider verharren dort ganz viele Menschen, und sie schaffen es nicht, da rauszukommen. Das ist aber wichtig, dass du immer wieder in die Welt raus gehst. Neue Ufer entdeckst und dich daran erfreust.

**„Wer immer nur das tut, was er bisher getan hat,
wird auch immer nur die gleichen Ergebnisse erzielen!"**

Das muss dir klar sein und solltest du auch so unterwegs sein, lasse dich nicht irritieren, dies tut dir nicht gut. Wir beschäftigen uns in dem Buch mit dem Thema, wie kommst du da wieder raus. Wie schaffst du es in eine andere Welt hinein. Wenn du es nicht tust, dein Frust nimmt Tag für Tag zu, bis du nicht mehr kannst und nicht mehr willst. Wo du solch ein Frusthaufen bist, und ich bin mir sicher, du kennst einige dieser Typen.

Das ist destruktiv dem eigenen Leben gegenüber. Mache das bitte nie mehr, lebe dich voll und ganz. Dazu ist es erforderlich, dass du wirklich immer wieder ausbrichst. Raus aus der Box, rein in andere Welten. Schaue sie dir bitte genauer an, du wirst dafür wundervolle Lösungen finden und dich über das Ganze erfreuen.

Spaß am Leben zu haben, ist die wichtigste Maxime. Dadurch erhöht sich automatisch unsere Lebensqualität. Wenn diese steigt, fühlen wir uns wohl, sind dafür verantwortlich und niemand anderes. Suchen aber oft dafür die Verantwortlichkeit abzugeben. Das funktioniert nicht, denn wir haben das Zepter unseres Lebens in den eigenen Händen.

Nur wir allein können uns das Leben so einrichten, dass wir uns total wohlfühlen. Wenn wir das nicht machen, wer soll es sonst tun? Wer bleibt noch übrig, diese Aufgabe zu übernehmen? Als wir noch klein waren, war es in der Tat die Aufgabe unserer Eltern. Ich gehe aber davon aus, dass du dich schon zu den Volljährigen zählst.

In dem Buch wirst du etliche Aspekte kennenlernen, um endlich auszubrechen. Die alten Trampelpfade zu verlassen und neue Erfahrungen zu sammeln. Dadurch bilden sich neue Synapsen und neue Neuronenbahnen. Eine großartige Welt tut sich da für dich auf und du wirst dich darin supergut fühlen. Wenn du dann immer noch möchtest, kannst du wieder zurück in die Box gehen.

Ich denke aber, dass du es lassen wirst, weil du dich da nicht mehr wohlfühlen kannst. Allein jedoch diese Freiheit in sich zu spüren, ist sensationell. Du hast die freie Auswahl wie und wo du leben möchtest. Du kannst es so lassen, wie es war oder ändern. Ich gehe davon aus, dass du zu den Menschen gehörst, die es ändern möchten. Denn sonst hättest du nicht das Buch hier in Händen.

Jetzt wünsche ich dir viel Spaß und Freude beim Lesen und danach bei der Umsetzung, denn um diese geht es letztlich. Nur wenn du das Gelesene konsequent umsetzt, hast du neue und wundervolle Ergebnisse, die dich und dein Leben bereichern.

Herzlichst

Dein Ernst Crameri

Große Dankbarkeit

Damit solch ein Werk entstehen kann, muss einiges passieren. Denn von allein geht es nicht, als erstes muss Motivation vorhanden sein. Das Motiv, wieso ich ein Buch schreiben will und was die Menschheit davon hat. Denn ohne Sinn gibt es echt keinen Sinn dies zu tun.

Wie kam ich dazu und was ist mein großes Motiv? Die vielen Hundertausende von Menschen, die schon bei mir auf Seminaren waren und meine Beobachtung draußen in der freien Wildbahn. Ich liebe es Menschen zu beobachten, zu studieren, analysieren und daraus für mich und meine Kunden zu lernen.

Es ist ein fortwährender Prozess, welcher da stattfindet und in jeder Hinsicht wirklich spannend. Deswegen sage ich allen Menschen danke, die mich jeden Tag aufs Neue inspirieren und mir dadurch die Kraft geben, weiter zu machen und viel zu bewegen.

Ein großes Dankeschön gebührt Gisela Nehrbaß, die mich dieses Jahr schon 31 Jahre begleitet. Immer für mich da ist und darauf achtet, dass alles, was ich plane und tue entsprechend koordiniert wird.

Meinem gesamten Team, manche sind teilweise auch schon über 25 Jahre dabei, und mir die Treue halten. Es gibt nichts Schöneres, als großartige Menschen an seiner Seite zu wissen. Ich weiß, dies sehr zu schätzen und bin unendlich dankbar dafür.

Danke sagen möchte ich auf diesem Wege auch meinen Eltern, die es nicht immer leicht mit mir hatten. Denn als Kind war ich definitiv mehr als out of the box. Das hat den beiden etliche schlaflose Nächte bereitet. Danke, danke für eure unendliche Geduld. Ich sage immer wieder, niemals so ein Kind haben zu wollen, wie ich eines war.

Ein großes Dankeschön allen Kooperationspartnern, welche mich im Laufe der vielen Jahrzehnte begleitet haben. Auch ihr wart für mich Bereicherung und manchmal auch echte Herausforderung.

Letztlich hat mich das alles, was ich erleben durfte, zu dem gemacht, was ich heute bin und darstelle. Es hat mich tief geprägt und mir oft gezeigt, dass ich andere Wege gehen muss, mich das eine oder andere Mal fast an meine Grenzen gebracht.

Danke an die Coaches, Trainer, Referenten, Buchautoren, Hörbuchautoren und Podcaster, die mich immer wieder inspirieren und dadurch mithelfen, meine Sicht der Dinge nochmals zu überdenken. Daraus ableitend eine große Meisterleistung an den Tag zu legen.

Ein Dankeschön all den Damen, die mich auf meinem Weg begleitet haben. Das waren wundervolle Momente, bis hin zu dem totalen Gegenteil davon. Daraus entstanden sind unter anderem die Bücher „Der unendliche Schmerz der Verlassenen“ und „Ein Millionär als Traumpartner.“ Spannend, was das Leben alles mit sich bringt.

Ein Dankeschön meinen vielen Tieren, die mich begleitet haben. Es war wundervoll mit euch, vielen dank für diese Zeit. Dann gab es die andere Seite, welche der reine Horror war. Daraus ist das Buch „Bist du ein Mörder - Ich habe mein Tier einschläfern lassen“ entstanden.

Danke an diese wundervolle Welt, mit ihren unendlich vielen Facetten und Menschen. Frage ist nur, was machen wir daraus? Wie gehen wir damit um? Wohin führt uns unsere Reise, sind wir bereit in die Veränderung zu gehen? Was tut uns gut, macht uns glücklich?

Ich war früher oft undankbar und mein Leben wurde dadurch nicht leichter, sondern immer schwerer. Da fing ich an das Leben von erfolgreichen Menschen zu studieren und durfte eines lernen, Dankbarkeit als großer Indikator für ein traumhaftes Leben.

Arbeite aktiv mit dem Buch

Du kannst ein Buch lesen und innerhalb von 14 Tagen die Hälfte vergessen. Das ist eine Form, so habe ich viele Jahre lang Bücher gelesen. Bis ich es gecheckt habe, dass es nicht sinnvoll ist. Denn ich hatte mir die Bücher gekauft und gelesen, um in meinem Leben weiterzukommen. Das war für mich wichtig, nur wenn ich es tue wie immer, gibt dies keinen Sinn. Da habe ich mir etliche Gedanken gemacht, wie es optimaler ist. Ich bin ein absoluter Freund von KVP, kontinuierlicher Verbesserungsprozess. Deswegen stets die Frage, wie kann man sich das Leben so gestalten, dass es einem um ein Vielfaches besser geht? Das ist die entscheidende Frage, und wenn man sich dieser stellt, gibt es bald eine Lösung.

Der Gewohnheitsleseweg

Du kaufst ein Buch und fängst an zu lesen. Seite für Seite beamst du dich voran, bis du auf der letzten Seite angekommen bist. Oder du liest in Etappen immer und immer wieder. Das ist aber zu wenig und es bleibt nichts hängen. Wir wollen viel mehr erreichen, wollen, dass das Buch ein Teil von uns wird. Wir den Inhalt total in unser Leben integrieren und damit arbeiten können. Wenn nicht jetzt, wann dann bitte? Die Zeit läuft und läuft und eines Tages war es das, wie schön, wenn du dann sagen kannst, dass du dein Leben gelebt hast.

Du findest Platz zum Schreiben

Mein Ziel ist es, dass du im Leben weiterkommst. Wieso hast du sonst das Buch gekauft? Das ist doch auch dein Ziel, davon bin ich überzeugt, dass du endlich aus der berühmten Gefangenschaft herauskommst, in ein freies und wundervolles Leben. Darum bitte ich dich, beantworte die dir gestellten Fragen. Selbst wenn du vielleicht das eine oder andere Mal nicht Lust dazu verspürst. Tue es trotzdem, denn die Fragen sind keine Schikane, sondern bringen dich dir persönlich näher. Du hältst hier ein Mitmachbuch in der Hand, welches dich zu dir selbst führt. Darin wirst du auch die wichtige Führung erhalten, die dich dahinführt, wo du schon immer hinwolltest, um dein selbst bestimmtes Leben zu führen.

Kugelschreiber, Bleistift und Textmarker sind erforderlich

Bevor du mit dem Lesen loslegst, organisiere dir folgende Utensilien. Sie helfen, dass du die Fragen besser beantworten kannst. Ob mit Kugelschreiber oder Bleistift, spielt letztlich keine Rolle. Ich persönlich arbeite gerne im Wechsel mit beiden. Leuchtmarker, um die für dich wichtigen Passagen zu markieren und sie später sofort wieder zu finden. Hab auch keine Angst ins Buch reinzuschreiben. Dies erlebe ich immer wieder, dass manche Leute das nicht für gutheißen, als wäre ein Buch etwas Unantastbares. Es ist aber ein Werk, mit dem du eine Zeit lang zusammenarbeitest.

Teile jede Seite in zwei Hälften

Bisher hast du wahrscheinlich eine Seite nach der anderen verschlungen. Nun lese bitte nur noch eine halbe Seite, halte kurz inne und denke darüber nach, was du gerade gelesen hast, und was es für dich bedeutet. Schreibe dir diesen sogenannten Merksatz in das obere weiße Feld der Buchseite. Lese ihn nochmals zur Bestätigung laut vor. Genauso machst du es mit der zweiten halben Seite. Dadurch schaffst du dich Seite für Seite bis ans Ende jedes Kapitels voran.

Wenn du das Kapitel gelesen hast, hole dir die Quintessenz

Die Quintessenz sind die für dich fünf wichtigsten Merksätze, die du dir erarbeitet hast. Bitte nicht lange überlegen, wenn du dir alle Merksätze anschaust. Komm immer zügig zu einer Entscheidung und habe keine Angst, dass du dich falsch entscheiden könntest. Es gibt nur ein falsch bei dieser Übung, das wäre es nicht zu tun. Da würdest du einen Fehler machen und der Nutzen des Buches würde für dich rapide sinken. Ich bin der Meinung, wenn wir etwas tun, legen wir immer eine Meisterleistung an den Tag. Dadurch haben wir die Chance, auch das großartige Leben leben zu können, von dem wir schon immer geträumt haben.

Kaufe dir bitte kleine Karteikärtchen

Im Bürobedarf gibt es diese zu kaufen oder übers Internet. Schreibe dir aus jedem Kapitel die fünf wichtigsten Merksätze, deine Quintessenz auf. Das hilft dir, denn nun trägst du sie bei dir und kannst sie jederzeit lesen. Du füllst bitte nach jedem Kapitel ein Karteikärtchen aus und trägst das bei dir. Man nennt dies auch die Konzentration auf das Wesentliche.

Lese mindestens 40 Mal die Karteikärtchen durch

Nimm dir bitte unbedingt die Zeit dafür, um es zu vertiefen. Immer wenn du eine andere Tätigkeit angehst, halte kurz inne, zücke die Kärtchen und lese laut vor. Wenn du das tatsächlich konsequent machst, hast du bis abends spät deine 40 oder noch mehr Wiederholungen. Denke bitte daran

„Permanente Wiederholung schafft Wirklichkeit!"

Ist das nicht ein Traum? So simpel kann man sich buchstäblich auf Vordermann bringen, die alten Pfade verlassen und sich Neues aneignen. Denke bitte daran, es gibt kein zu viel, sondern immer nur ein zu wenig. Das darfst du dir in dieser Form nicht mehr erlauben. Arbeite an dir und mit dir, damit du endlich aus deiner Box in ein wundervolles und vor allem glückliches, selbst bestimmtes Leben gelangst.

Schreibe die Quintessenz auf Plakate

Plakate dienen dazu, bereits von Weitem und zu jederzeit die Merksätze wahrzunehmen. Sie müssen buchstäblich ein Teil von deinem Leben werden. So stark und mächtig, dass du gar nicht mehr anders kannst. Sie erfüllen dich mit unendlicher Freude und

Liebe, deinem Leben gegenüber. Denn Fort- und Weiterentwicklung ist tatsächlich das Größte, was ein Mensch für sich tun kann. In den beiden Worten ist enthalten, es geht fort, es geht weiter und wir kommen aus der berühmten Verwicklung raus. Das brauchen wir so dringend, denn nur dadurch können wir uns wohl und frei fühlen.

Klopfe leicht auf deine Brust

Um das Ganze zu vertiefen, klopfe dir beim lauten Vorlesen leicht auf die Brust. Schließe die Augen, wenn es machbar ist, damit du noch weitaus mehr Gefühl dazu aufbauen kannst. Denn mit viel Gefühl gibt es eine wundervolle Verankerung. Als ob es schon immer zu dir gehört hat. Gib dir bitte die Chance, es ist wie bei allem, wenn man es nur einmal macht, bringt es nichts. Wir wollen aber viel erreichen und die Welt, zumindest unsere Welt nachhaltig zum Besseren verändern. Also heißt es, die Dinge, die zu tun sind, tun wir auch.

Nimm deine Merksätze auf

Heutzutage ist das alles kein Problem. Du wirst begeistert sein, wenn du dir permanent deine Kernbotschaften anhören kannst. Denn es gibt so viele Momente, wo du eben nicht lesen kannst. Aber hören geht fast immer und dann machen wir uns das einfach zunutze. Wenn du den absoluten Turbo einschalten möchtest, höre, lese und spreche es nach. Dann bist du großartig und unschlagbar unterwegs.

Vielleicht denkst du, was für ein Akt

Nein, es ist kein Akt, sondern es hilft dir schneller weiterzukommen. Wie immer hat es mit der eigenen Komfortzone zu tun. Was wir nicht kennen, können wir uns in der Regel auch nicht vorstellen. Dann ist der Weg nicht sehr weit, es abzulehnen und zu verneinen. Das ist aber nicht gut, dadurch verbaust du dir gleich die Chance für ein neues Leben. Also lass uns eine Einigung finden, dass du es wenigstens einmal machst. Dich an die Spielregeln hältst und durchbeamst. Du wirst sehen, nach den ersten ein zwei Kapiteln, geht es immer besser und dann ist es so, als ob du noch nie etwas anderes gemacht hast.

Deine Quintessenz am Buchende

Wenn du alle Kapitel durchgearbeitet hast, holst du dir bitte aus diesen die für dich fünf wichtigsten Merksätze heraus. So hast du das gesamte Buch in fünf Sätzen festgehalten und kannst ganz locker und zu jederzeit, dich damit wieder befassen. Das wird dir sehr guttun, und es ermöglicht dadurch, viele Bücher auf zügige Art und Weise erneut durchzugehen. Zu überprüfen, was man davon wirklich verstanden hat und wo es eventuell noch klemmt.

Nutze für dich diese wundervolle Möglichkeit

Nutze es oder verliere es, in der Tat ist es das gleiche wie beim Sport. Die Muskeln, die man nicht benutzt, verringern sich rapide. Vier Wochen lang nicht trainiert und du stehst wieder am Anfang. Das ist schade und auch zu aufwendig. Vielleicht fragst du dich jetzt, wieso ich gerade dieses Beispiel zitiere. Weil der Aufwand ein Buch zu lesen und zu verstehen, einfach da ist. Wenn man schon diesen Weg geht, dann doch bitte richtig und mit größtem Nutzen. Das schaffst du genau mit dieser Lese- und Arbeitsweise. Wenn du zwischendurch einmal den Drang verspürst, die eine oder andere Aufgabe nicht durchzuführen, hole dich bitte sofort wieder auf den Pfad der Tugend zurück. Denn du wirst dich sonst schnell daran gewöhnen. Ich denke, du kennst es bereits, einmal geschludert und schon ist das Tor weiter geöffnet, um genauso weiter zu machen.

Lieber ein wenig Schmerz als ein lebenslanger Schmerz

Denk bitte darüber nach, was das zu bedeuten hat. Der Mensch ist per se simpel aufgebaut, er möchte unter allen Umständen Schmerz vermeiden. Einfach nur Spaß und Lebensfreude haben, und dafür wird alles getan. Ob es im Nachhinein gut oder schlecht ist, spielt in dem Moment wirklich keine Rolle. Dass es später zu großen Problemen führt, zumindest einiges, wird völlig ausgeblendet. Wenn der Schmerz dann einkehrt, ist das Gejammere unendlich groß und verursacht Stress. Wie verrückt ist denn solch eine Denk- und Handlungsweise? Es ist leider fast Alltag und kein Ende in Sicht. Vor lauter Angst keinen Spaß haben zu dürfen. Dem ist aber nicht so, wir alle können sehr wohl bewusster durchs Leben wandeln, und kalkulieren was passiert, wenn wir uns so und so entscheiden.

Der Mensch tut Dinge, obwohl er weiß, dass diese ungut sind

Was glaubst du wohl, dass ein Raucher nicht genau weiß, was da mit ihm passiert? Natürlich weiß er das, denn man hat es ja schon oft genug gehört, wohin Rauchen letztlich führen kann. Das Unglaubliche ist dabei jedoch, dass fast alle Raucher diese Gefahren völlig ausblenden und so tun, als ob ihnen nie etwas passieren würde. Das ist verrückt derart unterwegs zu sein, denn Rauchen schadet dermaßen nachhaltig und stark. Die Chance an Lungenkrebs oder ähnlichen Erkrankungen, sein Ableben einzuleiten, ist relativ hoch. Wie klug ist denn so etwas? In keinster Art und Weise, die Gefühle, die jedoch damals dahin geführt haben, machen es schwer, jemals aus der Nummer wieder raus zu kommen. Wie verrückt muss man da sein, und wenn du mit Rauchern sprichst, kokettieren sie noch damit. Tun so, als ob es cool wäre, zu rauchen und sie leben fast alle in der Pseudosicherheit, dass ihnen nichts passieren wird. Oder sie führen Altbundeskanzler Helmut Schmitt ins Feld, der bei bester Gesundheit auch noch mit 95 Jahren seinem Laster frönte.

Auto auf Pump kaufen, macht in der ersten Runde Freude

Na klar ist das geil, mit einem neuen Auto vorzufahren. Mit stolz geschwelgter Brust wird das neue Fahrzeug gefahren. Auch als Symbol, wie großartig man ist. Also gönnt man sich hier die berühmte Pseudofreude, denn spätestens, wenn die erste Rate zu bezahlen ist, ist die Freude bereits nicht mehr so groß. Wenn nach im Schnitt vier Jahren, die Karre wieder alt ist und Reparaturen anfallen, wird es richtig lustig, denn es sind oft noch Raten zu bezahlen. Ist die Nummer endlich abgeschlossen, fängt das Spiel von vorne an. Man muss wieder ein neues Auto auf Pump kaufen, denn man konnte ja kein Geld sparen, das ging schließlich für die Rate drauf. So sind die meisten ein Leben lang unterwegs.

Es würde hier noch viel mehr Beispiele geben

Denk bitte darüber nach, wie es sich für dich verhält. Bevor du in Zukunft wieder Geld ausgeben willst, welches du nicht hast. Auch bei anderen Entscheidungen, frage dich stets, ist das jetzt die Vorwegnahme der Freude und das Einleiten von Schmerz danach? Oder was geht da gerade vonstatten? Du wirst es immer wieder feststellen, in 98% der Fälle geht es genau um diese schreckliche Nummer. Freude sofort und viel Schmerz danach.

Denk in Zukunft nach

Das möchte ich dir ans Herz legen, dass du vorher nachdenkst, was da wieder abläuft und wohin es dann mit dir geht? Wie sinnvoll dein Verhalten ist und welche Schäden du dir dadurch zufügst. Wenn du dafür erstmals ein wenig sensibilisiert bist, wird dir das sofort einfallen und du verstehst, was da gerade gespielt wird. Denn das spielt sich normalerweise im Unterbewusstsein ab und ist für uns nicht gleich checkbar. Darum halte immer kurz inne, bei allem, was du tust, und frage dich „Muss das jetzt sein, kann es warten oder vielleicht gänzlich eliminiert werden?" Vieles kannst du wirklich canceln, das heißt, aus deinem Leben streichen. Einiges wirst du aufschieben können und nur ganz weniges duldet keinen Aufschub, und muss unverzüglich getan werden.

Wo hast du mit diesem Prinzip von Schmerz und Spaß gelebt

Jetzt kommt deine erste Übung, wo du anfangen kannst, dir intensiv Gedanken zu machen und die einzelnen Positionen ausfüllen. Bitte nicht lange überlegen, denn wenn du zu lange überlegst, hast du bereits im Vorfeld verloren. Jetzt ist Schluss mit verlieren, das Ziel ist nur noch zu gewinnen und dies in jeder Hinsicht. Freue dich darauf, was du alles kannst und wie viel es dir bringt. Du bist so großartig und klasse, das sollte dir bewusst sein. Auch wenn du manchmal nicht das Gefühl aufbringen kannst. Je mehr du dich jetzt mit dem Leben beschäftigst, desto stärker wird du zur inneren Ruhe gelangen und die Prinzipien verstehen. Dass es wesentlich sinnvoller ist, sich manchen Schmerz selbst zu geben, um dann dafür hinterher Ruhe und Frieden sein Eigen zu nennen.

	Mein Schmerz/Freude?	Wieso?	Wie oft?
1.)	____________________	________________	________
2.)	____________________	________________	________
3.)	____________________	________________	________
4.)	____________________	________________	________
5.)	____________________	________________	________
6.)	____________________	________________	________

7.) ____________________ ______________ _______

8.) ____________________ ______________ _______

9.) ____________________ ______________ _______

10. ____________________ ______________ _______

Wie ist es jetzt für dich? Ich denke, dass es noch ein wenig komisch für dich ist. Vor allem ungewohnt und du kannst einfach nur stolz und dankbar sein, dass du es gemacht hast. Davon gehe ich zumindest aus, oder hast du es nicht getan? Ich hoffe sehr, ja und wenn nicht, dann tue es jetzt. Verschiebe es wahrlich nicht auf später, denn du kennst es sicherlich aus deinem Leben, verschieben bringt nichts. Hierzu sagt der Volksmund treffend

„Was du heute kannst besorgen, verschiebe nicht auf morgen!"

Weißt du auch wieso, weil der morgige Tag neue Aufgaben mit sich bringt. Wieso solltest du dich damit quälen? Denke einfach darüber nach, jetzt nicht gemacht, morgen auch nicht, so kannst du dann am dritten Tag glatt das Dreifache stemmen. Hallo, das schaffst du nicht und wenn du noch so fest glaubst, ober cool zu sein. Was dann manche fabrizieren, um von diesem Blödsinn der Verschieberei abzulenken. Damit wird auch noch kokettiert und das verschlimmert es nur noch um einiges.

Es ist eine reine Gewohnheitssache, wie so vieles andere auch. Ist dir überhaupt bewusst, dass du schon mit dieser Übung out of the box lebst? Du machst Sachen, die du vorher noch nie gemacht hast. Ein wenig ungewohnt und dann funktioniert es immer besser. Du bist absolut richtig unterwegs und genau das solltest du jetzt weiterführen. Bleibe dran und lasse dich auf keinen Fall ablenken, denn das haut dich aus dem System raus. Reduziere es nun bitte auf deine drei stärksten Bereiche. Wähle aus deinen zehn

Punkten, die für dich wichtigsten aus, ohne lange zu überlegen. Wenn wir damit anfangen, gesellt sich noch das Grübeln hinzu und schon bald sind wir weg vom Fenster.

Mein Schmerz/Freude?	**Wieso?**	**Wie oft?**
1.) ____________________	____________________	__________
2.) ____________________	____________________	__________
3.) ____________________	____________________	__________

Wie ist es jetzt für dich, vielleicht findest du das komisch? Das ist nicht schlimm, denn es ist nur die fehlende Gewohnheit, die da zum Tragen kommt. Das ist nicht gut, wenn du es so stehen lassen würdest. Also werde ich dich in diesem Buch immer nach deinem Befinden fragen. Sei ehrlich dabei und du kannst es auch für dienen Alltag übernehmen. Das hilft dir ungemein ein großes Stück näher an dein Inneres zu gelangen. Denn da musst du auch hin, rein in den Kern deines Wesens. Denn nur dort findest du alle Botschaften und kannst auch das Neue verankern. Reduziere jetzt deine drei Faktoren auf den stärksten und wichtigsten.

Mein Schmerz/Freude?	**Wieso?**	**Wie oft?**
1.) ____________________	____________________	__________

Du hast es gleich gepackt und darauf darfst du sehr stolz sein. Denn viele bringen es noch nicht einmal soweit. Die meisten bleiben stehen, das ist fatal und ungut für dich und dein Leben. Du hast jetzt mehr aus deinem Leben gesehen, weil du dich damit befasst. Lass es setzen und schreibe gleich die Quintessenz auf.

Dein Fazit: ____

Angst vor Veränderung

Im Menschen steckt eine große Angst vor Veränderung. Es ist eine der Urängste, in unbekanntes Terrain vorzudringen. Sich dabei womöglich noch zu verlieren und dann nicht mehr klarzukommen. Das ist fatal solch eine Einstellung sein Eigen zu nennen. Das haben sich natürlich auch viele Staatsherren und große Institutionen zunutze gemacht. Damit die Menschen oft in Angst und Schrecken versetzt. Sie klein und gefügig gehalten, eine sehr verwerfliche Nummer, welche da geboten wurde und teilweise noch wird. So verängstigt hat der Mensch alles drangesetzt, bloß nicht mehr aufzufallen.

Wieso befasst sich kaum einer mit dem Thema

Ängste werden teilweise auch von den Eltern geschürt und am Leben erhalten. Pass bloß auf, tue dies, tue jenes nicht. Das ist nicht gut, ist gefährlich, was könnten andere denken? Wenn du das machst, bist du verloren. Alles üble Geschichten, die einen Menschen fertig machen. Dann haben wir auch noch die Institution Schule, die einiges dazu beiträgt. Manipulationen auf allen Wegen und Kanälen. Die gleiche Macht hat auch das Fernsehen und wer nicht aufpasst, lebt in irgendeiner Welt, nur nicht in der eigenen.

Angst lähmt

Angst ist definitiv der schlechteste Ratgeber, den man sich aussuchen kann. Angst blockiert so, dass der Mensch lieber nichts mehr macht. Er bleibt wie angewurzelt stehen und harrt der Dinge, die da kommen werden. Dadurch leben viele Menschen weit unterhalb ihrer Möglichkeiten. Wo soll das nur hinführen? Ganz einfach in die berühmte Mittelmäßigkeit oder sogar noch darunter. Wenn man derart unterwegs ist, braucht man sich nie zu wundern, dass das Leben alles andere als schön ist. Ich bin mir sicher, du kennst auch solche Menschen, die genauso unterwegs sind.

Die berühmte Angstmauer

Du kennst es bestimmt, am Anfang ist nur ein wenig Angst da. Es ist wie im Herbst, wenn die ersten Nebelschwaden zum Vorschein kommen. Lange wabern sie aus der Erde hoch und es ist gespenstisch. Das passiert auch mit der Angst. Sie ist klein und wächst dann rapide an. Noch könnte man springen, das wäre kein Problem. Es ist ein kleines Mäuerchen, dann wird es höher. Jetzt müsstest du schon darüber klettern. Was machst du hingegen, du wartest noch und deine Angst wächst ins Unermessliche. Du hast keine Chance mehr, es ist aus und vorbei. Falls du tatsächlich noch auf die andere Seite gelangen willst, braucht es jetzt Mut. Da gibt es ein ähnliches Bild, welches sich tief in meinen Herz eingegraben hat. Eine TV-Dokumentation, als man angefangen hatte mitten in Berlin die Mauer hochzuziehen. Da standen die Menschen nur rum und haben zugeschaut. Einige schauten sogar aus ihren Wohnungen zu, wie die Eingangstüre zugemauert wurde und danach sogar die Fenster. Zum guten Glück sah man noch einige Menschen, die über die wachsende Mauer gehüpft sind, oder sich mit Leintüchern aus den Wohnungen abgeseilt haben.

Mich bewegt das Thema Angst sehr

Denn auch ich bin durch mehrere Erziehungsmaßnahmen genau in diesen Genuss gekommen. Wie unglaublich und wie lange anhaftend das dann hält. Es ist erschreckend und so darf man noch als Erwachsener immer wieder damit und daran arbeiten. Du kennst das bestimmt, es läuft alles gut und plötzlich wie aus dem Nichts heraus, ist die Angst da. Am Anfang spürst du es noch nicht richtig. Du kannst es nicht erfassen, sie ist aber da und treibt buchstäblich ihr Unwesen. Wehre dich daher schnell ihren Anfängen. Lasse dir von der Angst nichts mehr bieten.

Wovor hast du Angst

Schreibe nachfolgend bitte unverblümt deine Angst auf. Schaue genau hin, vor was du alles Angst hast und was dich lähmt und klein hält. Es gibt viele Formen der Ängste und nun schauen wir uns gemeinsam einige an.

- Armut
- Einsamkeit
- Krankheit
- Überfallen zu werden
- Tod
- Unfall

Natürlich gibt es noch wesentlich mehr Punkte und die Auflistung erhebt keinen Anspruch auf Vollständigkeit. Mir geht es aber darum, dass du einen Aspekt hast, wenn du gleich alle deine Ängste aufschreibst.

Armut

Davor haben die meisten Angst, ist auch nicht erstaunlich. Denn Angst springt einem von überall her an. Die Presse schürt zu gerne die Angst, denn nur schlechte Nachrichten sind letztlich gute für die Herrschaften. Da werden viele bewegte Bilder von Menschen in Angst gezeigt. Fotos noch und nöcher und es prägt sich die Armut stark ins Unterbewusstsein ein. Diese nimmt buchstäblich überhand und das Leben komplett in Griff. Das führt dazu, dass Menschen, die in der Armut groß geworden sind oder darin abstürzen, kaum wieder hochkommen, weil das Erfolgsdenken und das positive Streben nach Glück, nicht mehr vorhanden ist. Das ist traurig, dies erleben und sehen zu müssen.

Einsamkeit

Ach, das ist auch solch ein leidiges Thema. Wir haben über 7 Milliarden Menschen auf dieser Erde und da gibt es keinen Grund einsam zu sein. Außer man wählt das für sich und geht darin auf. Bei manchen Menschen habe ich oft das Gefühl, sie lieben die Einsamkeit über alles. Das ist verrückt, um nicht zu sagen sogar bescheuert. Was bringt es, wo führt dies hin? Das ist alles andere als gut, da heißt es genau aufpassen und hinschauen. Denn wenn du das nicht machst, wirst du dich in der Tat sehr einsam fühlen.

Krankheit

Wir fürchten uns vor Krankheiten. Denn was man so alles hört, ist nicht erbauend. Angst als Damoklesschwert über einem, was jederzeit zuschlagen kann. Wir fühlen uns den schlimmen Krankheiten ausgeliefert. Wenn wir zum Arzt gehen und dieser irgendwas sagt, glauben wir das sofort, sind fix und fertig. Anstatt uns mehrere Meinungen einzuholen und genauer hinzuschauen, was man vorbeugend für sich machen kann.

Überfallen zu werden

Auch davor fürchten sich viele Menschen und ziehen es mit dieser Einstellung manchmal sogar förmlich an. Da musst du unbedingt dagegenhalten, dass du nicht in solch eine Situation hinein gerätst. Stark müssen wir sein, um es zu meistern. Schwäche hat sich noch nie ausbezahlt und zieht nur noch mehr Schwäche nach sich.

Tod

Der Tod, er ist allgegenwärtig und kann blitzschnell zuschlagen. Das haben wir alles schon gehört, gelesen und bestimmt in den eigenen Reihen erleben dürfen. Immer dann, wenn es im näheren Umfeld passiert, erschrecken wir und es wird uns bewusst, dass das Leben nicht ewig dauert. Es irgendwann vorbei sein wird und das kann schneller gehen, als uns lieb ist. Wir nehmen es zur Kenntnis, sind unendlich traurig und deprimiert, fürchten uns vor dem eigenen Ableben, oder wer wohl aus nächster Nähe gehen muss. Danach dauert es in der Regel nicht mehr lange und wir sind wieder voll im Alltagsgeschehen.

Unfall

Die Angst vor Unfällen versetzt uns in Panik. Wovor wir uns am meisten fürchten, tritt in unser Leben ein. Darum richte dich auf das Positive und Lebensbejahende aus. Das gibt dir Kraft für ein traumhaftes Leben. Du kannst dich bewusst den Gefahren aussetzen, darfst aber nicht erstaunt sein, wenn es dich erwischt.

Schreibe nachfolgend auf, wovor du dich fürchtest

Halte alles fest, was dir in den Sinn kommt. Nicht lang nachhaken, ob das jetzt zutreffen könnte. Wenn du dazu ein Gedanke und ein Gefühl hast, mache es. Tue es und warte nicht mehr, denn warten zerstört kostbare Lebenszeit. Dadurch kommst du deinem Tode immer näher, ohne dass du womöglich dazwischen gelebt hast. Halte bitte all deine Ängste fest, wieso das so ist und seit wann du diese hast. Viel Spaß beim Ausfüllen.

Meine Ängste?	Wieso?	Seit wann?
1.) ______________	______________	__________
2.) ______________	______________	__________
3.) ______________	______________	__________
4.) ______________	______________	__________
5.) ______________	______________	__________
6.) ______________	______________	__________
7.) ______________	______________	__________
8.) ______________	______________	__________
9.) ______________	______________	__________

10. ______________________ ________________ __________

Was für ein Gefühl hast du, wo du das alles ausgefüllt hast? Geht es dir gut oder sehr gut? Die Palette der Gefühlswelt ist riesengroß, und oft verhalten wir uns beim Nachfühlen relativ oberflächlich. Tun so, als würde es uns nicht tangieren. Das ist nicht gut, gehe immer sofort tief in deine Gefühlswelt hinein. Das heißt, dann aber noch lange nicht, dass du darin verharren sollst. Gehe rein zum Erfassen und danach komme sofort wieder raus. Viele Menschen verweilen da zu lange. Das ist verrückt, in der Gefühlsspirale, die in der Regel nach unten zeigt zu bleiben.

Gewöhne es dir an, immer nach deiner Innenwelt zu fragen. Wieso das gerade so ist, wie du empfindest und was du dagegen oder dafür machen kannst. Es gibt mehrere Möglichkeiten, schöpfe sie aus. Ich weiß, bei uns ist es manchmal verpönt über Gefühle zu sprechen. Man hat sie, man spricht aber nicht darüber. Es ist, als ob wir damit nichts am Hut hätten. Dabei ist es immens wichtig, dass unsere Seele sich dabei gut fühlt. Wenn wir nicht darauf achten, dürfen wir nicht erstaunt sein, wenn unsere Seele krank wird und wir irgendwann aus dem System rausfallen. Reduziere jetzt deine zehn Punkte auf die drei stärksten.

Meine Ängste?	**Wieso?**	**Seit wann?**
1.) ______________________	________________	__________
2.) ______________________	________________	__________
3.) ______________________	________________	__________

Schon wieder bist du in deinem Leben einen Schritt weiter, wie fühlt es sich jetzt an? Geht es dir gut damit? Wenn wir in die Reduktion gehen, wird es für uns deutlich greifbarer und dies ist genau das, was wir brauchen. Wir müssen es erfassen können, im Wort ist klar das Fassen enthalten. Nur was wir fassen können, das heißt, in die Hand nehmen können, damit sind wir auch imstande umzugehen und es zu verändern, dass es wiederum passt.

Das Leben ist eine aktive Angelegenheit, und leider versuchen es immer wieder einige Menschen, passiv zu leben. Das kommt nicht gut und verschlimmert es nur unnötig. Anstatt den Anfängen zu wehren, wird lieber gewartet und gehofft, dass es irgendwie gehen wird. Genau das tut es, aber in der Regel in die falsche Richtung. Dann auch kaum lebensbejahend und das ist gerade das Traurige und Tragische. Darum kannst du stolz auf dich sein, dass du dich mit dem Thema auseinandersetzt. Reduziere es nun bitte auf deinen stärksten Bereich, wo du viel Angst hast.

Meine Angst?	**Wieso?**	**Seit wann?**
1.) ______________________	________________	__________

Du hast es erneut geschafft und kannst kurz innehalten. Das ist wichtig, dass wir unser Leben entschleunigen, Tempo rausnehmen, um in die Ruhe zu gelangen. Denn nur dort können wir neue Kraft tanken und den Überblick zurückbekommen. Wir sind heute häufig am Rennen, Machen und Tun. Manchmal kommt es mir so vor, als würde die Welt morgen aufhören und um dem zu entgehen, geben wir mit allem drum und dran richtig Vollgas. Permanente Entschleunigung, auch wenn es sich am Anfang ein wenig komisch anfühlen mag. Im Laufe der Zeit wird das zur festen Gewohnheit und es ist eines Tages so, dass dies automatisiert vonstatten geht. Wenn wir so weit sind, haben wir gewonnen. Nur das geschieht wie die meisten anderen Dinge, nicht von heute auf morgen. Es ist ein Prozess und dieser braucht Zeit, um zu greifen.

Dein Fazit: ____

Wer hat uns denn in die Box gebracht

Das ist eine berechtigte Frage, denn als Kleinkind waren wir definitiv in jeder Hinsicht unangepasst. Wir wollten das Leben voll und ganz spüren, haben uns um keine Konventionen gekümmert. Das hat uns nicht interessiert, wir wollten frei sein und mit Vollgas mitten im Leben stehen. Dann ist es passiert, die großen, starken und alles wissenden Erwachsenen haben Einzug gehalten. Sie haben uns ihre eigene Welt übergestülpt und dabei so getan, als wäre das die einzig richtige. Wir waren sehr beeindruckt und es hat uns in den Bann gezogen. Wir kannten nichts anderes und so haben wir mitgemacht. Hätten wir das nicht getan, wir wären förmlich untergegangen.

Danach kam die Schule

Da ging es in ähnlicher Form weiter, die aus damaliger Sicht wissende Lehrerschaft und diese sagte uns, wie es zu gehen hat. Wehe wir haben uns dagegen aufgelehnt und nicht in dem System mitgespielt, wie sich das gehört. Das hat sich spätestens bei der Benotung bemerkbar gemacht. Genauso auch bei den sonstigen Prüfungen stand dann rechts unten in roter Schrift, wie viele Fehler wir wieder gemacht haben. Die Eltern hatten auch das Programm des Nachfragens, wie viele Fehler wir wieder gemacht haben. So wurden wir auf eine eigentümliche Art und Weise konditioniert. Das war definitiv nicht gut und dermaßen eingeschüchtert haben wir fortan versucht, möglichst allen Fehlern aus dem Weg zu gehen. Wenn so etwas gemacht wird, ist eines sicher, die Fehler häufen sich noch und nöcher.

Die Lehre oder das Studium

Ähnlich wie in der Schule, entweder wir absolvieren das Abi und danach ins Studium oder in die Lehre. Hier bekommen wir auch wieder Immenses indoktriniert. Gutes, Sinnvolles und eben die andere Welt. Dies sind alles Beeinflussungen für unser Leben. Manch einer ist stark und kommt dabei supergut weg, ein anderer zieht es förmlich unter die Räder. In allen diesen aufgezählten Institutionen wird natürlich versucht, uns in deren Box einzuquetschen. Manchmal machen wir freiwillig mit, weil es uns sinnvoll erscheint und manchmal wehren wir uns dagegen. Auf alle Fälle hat es massiven Einfluss auf unser Leben.

Partnerschaften

Eine heiße Kiste ist ganz klar die Partnerschaften. Mama Mia, was da teilweise abgeht ist gigantisch. Man geht eine Beziehung ein, und dann fängt man an, den andern auf schärfste zu verbiegen. Alles unter dem wunderbaren Zeichen der Liebe. Bevor der andere es erfassen kann, was da abläuft, ist man bereits gefangen und in der Box des Partners eingesperrt. Kennst du auch solche Partnerschaften, mit Sicherheit. Da heißt es aufpassen und nochmals aufpassen. Wenn dein Partner anfangen sollte, bei dir komische Nummern zu drehen, solltest du dich in Acht nehmen. Sonst kommst du aus dieser Geschichte nur noch schwerlich raus.

Wir können natürlich hingehen und allen die Schuld geben

Das machen wir nicht, denn da würden wir die Macht aus der Hand geben und es wäre ein klares Zeichen, der eigenen Ohnmächtigkeit. Deswegen behalten wir lieber die Verantwortung bei uns, selbst wenn sie uns womöglich im Moment nicht passt. Es ist ein Teil unseres Lebens und je schneller wir damit kongruent gehen, desto besser fühlen wir uns. Also tragen wir ab heute immer die Verantwortung. In dem Wort ist auch gleich die Antwort enthalten und das ist wundervoll und traumhaft.

Das Umfeld trägt mit dazu bei

Dies dürfen wir niemals außer Acht lassen, dass unser Umfeld einen starken Einfluss ausübt. Dies geht recht zügig und sehr subtil vonstatten. Folglich heißt es auch hier aufpassen. Sonst geraten wir in der Tat unter die Räder. Wir werden von allen Seiten beeinflusst, jeder versucht natürlich seine eigene Nummer durchzudrücken. Das ist fatal und die Endergebnisse sind erschreckend. Eine womöglich lebenslange Gefangenschaft tut gar nicht gut und ist buchstäblich der Horror auf Erden.

Schreibe jetzt auf, durch was du in der Box bist und in welcher

Auch hier geht es um deine absolute Ehrlichkeit dir selbst gegenüber, damit wir darauf aufbauen können. Nur wenn du dich hundertprozentig selbst erkennst, schaffen wir das. Das Ziel ist klar, eine wundervolle Veränderung in dein Leben zu integrieren, und dass du endlich aus der Box rauskommst. Nur dann hast du ein wundervolles und vor allem auch selbst bestimmtes Leben. Es gibt nichts Schöneres, als genau solch ein Leben führen zu können. Ein Leben, was dir allein gehört und welches dich sehr glücklich und zufrieden macht.

	Ich bin in der Box?	Wieso ist das so?	Seit wann?
1.)	______________	______________	________
2.)	______________	______________	________
3.)	______________	______________	________
4.)	______________	______________	________
5.)	______________	______________	________
6.)	______________	______________	________
7.)	______________	______________	________

8.) ________________________ _________________ _________

9.) ________________________ _________________ _________

10. ________________________ _________________ _________

Wie ist es für dich jetzt, wie gehst du damit um? Fühlt es sich gut an, oder eher schlecht? Was ist deine Intention jetzt zu tun, mit deinem neuen Wissen? Wenn du nichts änderst, bleibst du in der Box und das ist definitiv nicht spannend. Du hast alles in dir, um in absoluter Freiheit zu leben und täglich eine große Meisterleistung an den Tag zu legen. Wenn du es nicht machst, bestrafst du dich selbst und das ist das Dümmste, was man als Mensch überhaupt machen kann. Selbstbestrafung wird von vielen Menschen exerziert und führt nur zu noch mehr Engpässen. Freiheit in jeder Hinsicht ist das Thema und wird es ewig bleiben. Frei von jeglichen Konventionen können wir uns ein traumhaftes und erhabenes Leben aufbauen.

Behalte die Erkenntnisse unbedingt für dich. Wenn du sie publik machst, ist die Wahrscheinlichkeit groß, dass es schnell vom Umfeld zerrissen wird. Behalte es im Moment für dich und du wirst sehen, es wird sich noch früh genug den anderen zeigen, dass du in der Veränderung bist. Also gehe einen Schritt nach dem anderen und bleibe mit deiner kompletten Energie stets bei dir. Das mag am Anfang schwer erscheinen, du gewöhnst dich aber daran und es wird immer mehr zur Selbstverständlichkeit. Wenn der Moment in dein Leben eintritt, hast du gewonnen. Reduziere es jetzt bitte auf deine drei stärksten Punkte.

Ich bin in der Box?	**Wieso ist das so?**	**Seit wann?**
1.) ________________________	_________________	_________

2.) ______________________ ________________ _________

3.) ______________________ ________________ _________

Wird dir jetzt noch klarer, auf welchen Weg du bisher gewandelt bist? Das ist doch krass, oder? Für mich bin ich immer wieder erschrocken zu sehen, was da alles abläuft und in welche Situationen ich mich da permanent selbst reinbugsiert habe. Das geht recht zügig vonstatten. Daraus habe ich gelernt, immer genau hinzuschauen, was ich gerade wieder fabriziere und ob das überhaupt einen Sinn gibt. Wenn ja, unbedingt weiter machen und wenn nicht, sofort die Handbremse anziehen und aufpassen, dass ich mich nicht abschieße. Das geht sogar rasend schnell und dann hätte ich sofort wieder die nächste Kiste. Immer genau alles hinterfragen, was da geschieht, wieso das so ist und mit welchen Emotionen ich mich da auf die Reise mache. Das Leben verändert sich rasend schnell, was im Augenblick noch supergut ist, kann innerhalb von wenigen Minuten anders ausschauen.

Wachsamkeit sich selbst und dem Leben gegenüber ist von enormer Bedeutung. Genauso wie die Achtsamkeit, das heißt acht auf sich geben und dazu gehört auch, dass man sehr liebevoll und mit voller Wertschätzung seinen Schatz, das eigene Leben, in die eigenen Hände nimmt. Lass dich daher auch nie mehr von irgendeiner Person manipulieren. Das tut dir nicht gut und das brauchst du wahrlich nicht mehr. Denn sonst bist du schon wieder in irgendeiner Box. Wenn du jetzt so unterwegs bist, hast du bereits ein völlig neues Bewusstsein entwickelt, welches dir sehr guttut und dich in deinem Sein fördert. Reduziere es jetzt auf deinen Hauptpunkt.

Ich bin in der Box?	**Wieso ist das so?**	**Seit wann?**
1.) ______________________	________________	_________

Nun hast du dir damit eine wundervolle Basis geschaffen, welche dich auf den nächsten Level deines Seins bringt. Sich selbst treu zu sein ist eine immense Aufgabe und nur zu schaffen, wenn man wirklich zielstrebig unterwegs ist. Das Ziel muss immer die eigene Freiheit sein, denn da fühlt man sich zu Hause. Da geht es einem sehr gut, und dort ist die gesamte Kraft und der Sinn des eigenen Lebens beheimatet.

Dein Fazit: ____

Dein freies und selbstbestimmtes Leben fängt heute an

Nicht irgendwann, sondern komme sofort zur Entscheidung, es endlich so zu leben, wie du es schon immer tun wolltest. Das braucht natürlich Mut und die Power, die alten Pfade endgültig und für immer zu verlassen. Das Gefängnis zu sprengen und dort nie mehr zurückzukehren. Wenn du das tust, das machen ja viele, weil sie einfach Angst haben in Freiheit zu leben. Je öfters du zurück gehst, desto schwieriger wird es überhaupt. Darum, einmal raus, und nie, aber auch gar nie mehr wieder dorthin zurück. Um keinen Preis, wie heißt es treffend, raus aus dem goldenen Käfig.

Das menschliche Leben ist Freiheit

Freiheit ist durch nichts zu ersetzen und so wird es ewig bleiben. Eigentlich ist es simpel, aber für die meisten unendlich kompliziert. Wieso sich freiwillig einsperren lassen, das kann und darf nicht wahr sein. Darum passe ab heute gut auf dich auf, dass dir das nie wieder passiert. Das darf nie mehr deine Welt sein, genieße und verschreibe dich zu 1.000% der Freiheit. Frei zu sein ist existenziell und tut supergut. Ich sage mir das jeden Tag und lebe danach. Auch wenn es manchen Menschen nicht passt, das interessiert mich nicht im Geringsten. Wieso sollte es das tun, es gibt keinen Sinn. Was keinen Sinn gibt, lassen wir in Zukunft.

Du bestimmst allein, was für dich gut ist und was nicht

Weißt du wie klasse das ist, selbst als freier Mensch zu bestimmen, wohin die Reise geht. Du weißt doch selbst am besten, wo es dir supergut geht. Wo dein Leben im berühmten Bereich ist und wo außerhalb des Bereiches. Das kann dir keiner mehr abnehmen und das ist auch gut so. Ist das nicht wundervoll, du und dein Leben.

Ihr beide vereint, für die große und unendliche Geschichte. Sei dankbar für das Leben und was es alles für dich bereithält. Es ist ein Potpourri, du musst es nur annehmen und akzeptieren, dass es so großartig ist.

Selbst zu bestimmen

Nur du allein und niemand anderes darf es tun und sich entscheiden. Im Wort bestimmen ist klar die Bestimmung enthalten und um diese geht es letztlich. Das Gefühl zu haben und es zu verstehen, ist grandios. Jeden Tag, jede Stunde, jede Minute, du hast das Zepter in der Hand und sagst, wohin die Reise gehen soll. Niemand darf das jemals mehr für dich tun. Weder deine Eltern, dein Partner, Freunde noch sonst wer. Das ist dein gutes Recht dazu zu stehen, dich zu wehren und verteidigen, falls es erforderlich ist. Das ist der Weg, und es ist dein Weg. Für dich gibt es nur deine Reise und für den nächsten gibt es nur seine Reise. Deswegen ist es wichtig, dass jeder sich auf seinem Pfad hält.

Frei sein jederzeit anzufangen oder aufzuhören

Wie wundervoll ist das, ein Traum, wen man es für sich erfasst hat. Nie mehr davon abzuweichen, ist die Krönung des menschlichen Daseins. Kraftvoll und stark stellt es sich dar, daraus entsteht das berühmte Urvertrauen, welches in jedem Menschen vorhanden ist. Hier gilt es wieder anzudocken, denn wir hatten das Gefühl bereits einmal in uns. Sonst hätten wir keine Chance gehabt zu überleben. Später ist es in der Regel verschüttet gegangen und nun müssen wir es wieder mühevoll rausholen. Es ist fast wie von vorne anfangen zu leben. Stück für Stück müssen wir damit einig werden und uns permanent weiter nach vorne robben. Manchmal kommt es uns so vor, als ob wir uns durch den größten Morast bewegen müssen. Dann geht es langsam besser und es kommt der Moment, wo wir wieder aufrecht gehen können. Hoch erhobenen Hauptes gehen wir unseren Weg des Erfolges.

Wieso hast du ein selbst bestimmtes Leben

Halte jetzt alle Gedanken dazu fest, wieso das so ist und wohin die Reise gehen soll. Deine wundervolle Reise, in deinem großartigen Leben und du lebst dich, ja dich allein. Das musst du dir permanent vor Augen führen. Wie stark du bist, und solltest du jetzt womöglich denken, was das für ein Gesülze ist, hast du natürlich aus deiner Sicht völlig recht. Frage ist nur, wie weit dich deine Denke bisher gebracht hat. Ob es gut war, oder ob es vielleicht nicht besser wäre, das eigene Mindset etwas zu drehen. Das ist der Faktor, um den es geht, dein Leben derart zu gestalten, zu drehen, dass es passt. Es ist das wahre Geschenk hier auf Erden und hat nichts mit Zufall zu tun. Schreibe jetzt bitte auf, was deine Selbstbestimmung ist, wieso das so ist und seit wann du das hast und in dir spürst?

	Meine Selbstbestimmung?	**Wieso?**	**Seit wann?**
1.)	______________________	__________________	________
2.)	______________________	__________________	________
3.)	______________________	__________________	________
4.)	______________________	__________________	________
5.)	______________________	__________________	________
6.)	______________________	__________________	________
7.)	______________________	__________________	________
8.)	______________________	__________________	________
9.)	______________________	__________________	________

10. _________________________ ____________________ _________

Weißt du was, ich bin unendlich glücklich, wenn ich mich gefunden habe und noch finde. Das ist wundervoll, und dazu ist es erforderlich, dass wir in die Schriftlichkeit gehen. Denn dort finden wir uns wieder, im schwarz auf weiß. Das können wir jederzeit nachlesen und damit arbeiten. Nur wenn wir das machen, haben wir auch die Kontrolle über unser Leben und nicht irgendjemand anderes. Ich danke dem Leben, dass es für mich manche heftige, ja sogar sehr heftige Lektion bereit hatte, die es mir ermöglicht hat, da wieder rauszukommen. Sonst wäre ich heute womöglich noch in der eigenen Welt verhaftet, in meiner Box. Nur der Schmerz, manchmal sogar der unendliche Schmerz hat mir geholfen, da raus zu kommen, in die freie und großartige Welt.

Die Welt ist wundervoll bunt und es gibt Hunderttausende von Möglichkeiten. Wir müssen nur bereit sein, alle Register zu ziehen. Wenn wir das tun, geht für uns die Sonne auf. Sie strahlt in ihrem hellsten Glanz und gibt uns gigantische Wärme und Zuversicht. Wie geht es dir jetzt bei dieser Ausarbeitung? Geht es dir gut damit? Bereichert und beseelt es dich? Gibt es dir die Stärke, die du brauchst, um weiterzukommen? Oder macht es dir teilweise sogar noch Angst? Das ist nicht schlimm, wenn du das in dir spüren darfst. Es ist ein gutes Zeichen, denn dadurch wirst du nicht übermütig. Kristallisiere nun deine drei stärksten Faktoren heraus.

Meine Selbstbestimmung?	**Wieso?**	**Seit wann?**
1.) _________________________	____________________	_________
2.) _________________________	____________________	_________
3.) _________________________	____________________	_________

Wie fühlt es sich an? Spürst du den Drang weiter zu machen und das schönste Leben zu führen, welches es überhaupt nur gibt? Ich wünsche es mir von Herzen für dich, dass du merkst, langsam, aber sicher angekommen zu sein. Angekommen bei dir, deinen Talenten, deinen Stärken. Die Reduktion auf das Wesentliche gibt Kraft. Du brauchst diese auch, um alles zu schaffen, was dein Herz begehrt. Am Anfang mag es dich etwas verängstigen, wenn du langsam aus der Box in die Freiheit gelangst. Das musst du mit Zuversicht aushalten, um es für immer zu festigen.

Lebe dich, bevor es eines Tages zu spät ist, denn dann kannst du nichts mehr ausrichten. Wenn du dich abschießt, wie das etliche Menschen machen. Ich finde es traurig und schlimm, wenn man sich soweit von dem eigenen Sein entfernt. Du gehörst zu dir zurück und dort solltest du für alle Zeiten bleiben. Es ist buchstäblich dein zu Hause und du weißt doch selbst, dass man zu Hause die Kraft tanken kann, welche man braucht. Dies schaffst du jedoch sicherlich nicht eingesperrt, in der dunklen Box. Reduziere jetzt deine drei Punkte auf deinen stärksten Faktor.

Meine Selbstbestimmung?	**Wieso?**	**Seit wann?**
1.) ______________________	____________________	_________

Wie wundervoll, soweit gekommen zu sein? Mit jeder Arbeit, welche du abschließt, gewinnst du neue Erkenntnisse und auch Liebe zu dir selbst. Das macht dich frei und dies brauchen wir Menschen dringender denn je. Alles, was in Freiheit wächst, hat die Tendenz stark zu werden. Du bist ein Teil davon, denn Stärke und Erfolg ist das große Geburtsrecht für jeden Menschen.

Dein Fazit: ____

Was hast du für Ziele

Das ist der entscheidende Schritt, um voranzukommen und endlich die Box zu verlassen. Die meisten haben leider keine mehr und deswegen gibt es für sie definitiv kein Motiv und damit keine Motivation, die Box zu verlassen. Sie bleiben lieber in ihrer alten Welt, und wenn man sie auf Ziele anspricht, sagen sie, dass es sowieso keinen Sinn gibt, es kommt eh alles anders, als man denkt. Das ist eine üble Selbstprophezeiung, in die man sich hier postwendend hineinbegibt. Damit führt man sich sofort ins berühmte Aus. Sich wegen solch einer Einstellung abzuschießen, ist fatal. Also passe daher gut auf dich auf, dass du nicht in diese Falle hineinläufst. Dich selbst zu schädigen ist nicht normal.

Kein Lebewesen schadet sich mehr, wie der Mensch

Alle Lebewesen sind darauf bedacht, ihre Aufgaben zu erfüllen und die Art aufrecht zu erhalten. Aber der Mensch tickt hier in vielfacher Hinsicht oft anders. Er zerstört sich permanent, einmal mit seiner Person angefangen bis hin zu Feldzügen, anderen Menschen gegenüber. Wenn man sich überlegt, wie viele Personen täglich in Kriegen sterben und das in unserem Zeitalter. Da kann man nur den Kopf schütteln und sich fragen, ob diese noch alle zu retten sind? Für mich ist es erschreckend, was da abgeht. Das ist jetzt im Außen und was machen wir im Innenverhältnis mit uns? In der Box zu leben ist sicher nicht die Lösung, niemals und darum sollte man es sich schenken.

Ohne Ziele hast du keine Chance

Schade, wenn man diese Lektion nicht versteht. Weißt du, was das absolut Erstaunliche ist, dass die meisten lieber in der Box bleiben, anstatt raus zu treten in ein freies und wundervolles Leben hinein. Mann, du lebst nur ein einziges Mal, auf was willst du warten?

Wohin soll deine Reise gehen? Möchtest du tatsächlich weiter vor dich hindödeln? Diese Frage solltest du dir regelmäßig stellen. Wenn du so weiter machst wie bisher, weißt du ja, wo du landen wirst. Du hast bestimmt festgestellt, dass es nicht besser wird, sondern schlimmer. Das ist doch verrückt mit dieser Selbstvernichtung unterwegs zu sein. Genauso wie das doofe Hoffen, dass es besser werden wird. Oder noch schlimmer, das Schlimmste zu befürchten und es wurde daraufhin noch viel schlimmer.

Ohne Ziele geht es nicht voran

Es ist das ewige Spiel vom Leben und wer keine Ziele hat, wird zum Spielball von anderen Menschen. Schlimm, nein nur tragisch. Denn wer nicht weiß, wohin seine Reise geht, ist Diener anderer Menschen. Frust macht sich bei solchen Menschen breit. Man gerät mit diesem Verhalten nur noch stärker in die Gefangenschaft der eigenen Box. Mit jedem Erlebnis tut man sich noch tiefer einbetonieren. Darum bin ich froh, dass du es verstanden hast, bereit bist, dein Leben ab heute fest in die eigenen Hände zu nehmen, und nie mehr der Spielball für irgendetwas anderes zu sein.

Hast du schon einmal deine Navigation ohne Ziel eingestellt

Probiere es mal und sage zu dem Navi, führe mich irgendwohin. Was wird dir das Navi sagen „Geben sie bitte ihr Ziel ein!“ Du hörst es in der Regel nicht nur per Stimme, sondern liest es auch. Dein Navigationsgerät bleibt eisern und lässt dich nicht in Ruhe mit diesen Fragen, bis du endlich das Ziel eingibst. Sonst tut sich nichts, da kannst du nun sagen, dass dein Navi ja viel schlauer ist als die meisten Menschen. Ohne Ziel keine Chance irgendwo anzukommen. Das ist doch bescheuert, wenn man derart unterwegs ist. Wie kann man sich das nur antun? Das ist unglaublich und du hast nur zwei Chancen, entweder es bleibt alles beim Alten und du in der Box, oder du änderst es. Du machst dir Gedanken, wohin deine Reise gehen soll und hältst dich dran.

Wenn es so leicht wäre

Hallo, es ist unendlich leicht und großartig, wenn man die Macht der Ziele versteht, für sich einzusetzen. Es ist das Leichteste, man muss es aber nur wissen. Wir gehen in diesem Buch näher darauf ein, und wenn du es auch unter Umständen nicht gleich verstehst, bleibe trotzdem dran. Das ist der eine Schritt, dann empfehle ich dir, komme auf das Seminar, welches passend zu diesem Buch durchgeführt wird. Spätestens da wirst du alles verstehen, begreifen und umsetzen können.

Wie müssen Ziele aufgebaut sein

Das ist wichtig, dass du genau weißt, wie Ziele aufgebaut sein müssen. Nur wenn die folgenden Parameter stimmig sind, kannst du es schaffen. Dies ist doch das Ziel für dich, deine Ziele immer zu erreichen. Du darfst dir da keine Ausnahmen und keinen Ausreißer mehr erlauben. Wenn du damit erneut anfängst, ist die Wahrscheinlichkeit groß, dass du abrutschst und es postwendend zurück in deine alte Welt geht. Da kommst du aber gerade her und da wolltest du nie wieder hin. Hier sind die vier wichtigen Punkte.

Ziele müssen absolut

- Klar sein
- Konkret sein
- Messbar sein
- Unmissverständlich sein

Das ist alles und hört sich im ersten Moment easy an. Ist es aber nicht, dies ist eine sehr komplexe Angelegenheit, die es in sich hat. Schauen wir uns die einzelnen Positionen nachfolgend an.

Klar sein

Je klarer desto besser, denn in der Klarheit ist auch der Durchblick vorhanden. Die meisten Menschen haben erschreckenderweise keine klaren Ziele, sind im gleichen Atemzug erstaunt und überrascht. Wenn du nicht klar bist, siehst du es nicht, kannst es nicht erkennen und das ist wie Autofahren im dichten Nebel. Die Wahrscheinlichkeit, dass du irgendwo dagegen knallst, ist groß. Darum brauchst du permanent eine top Sicht auf das, was du tatsächlich möchtest. Klarheit ist das Größte, was es für uns Menschen gibt.

Es ist die Krönung des menschlichen Daseins. Darum achte ab heute genau darauf, dass du bei allem, was du tust, klar bist. Sollte es dir auf Anhieb nicht gelingen, bleibe so lange dran, bis du es im Griff hast. Am Anfang mag das etwas ungewohnt sein, dann läuft es von alleine und spätestens, wenn es auf Autopilot läuft, hast du gewonnen. Freue dich des Lebens, dass du ab jetzt so unterwegs bist und deinen Weg bei voller Sicht gehst.

Konkret sein

Die Dinge müssen konkret sein und nicht wischwaschi. Das ist nicht gut, denn wer so unterwegs ist, erntet genau solche Ergebnisse. Bitte lasse es sofort, nur wenn es wirklich konkret ist, kann es auf dich wirken und du hast daraus die Kraft, es zu tun und dran zu bleiben. Immer wenn es nicht konkret ist, sind wir im Modus probieren und den Erfolg dürfen wir nicht probieren. Wir müssen Erfolg schreiben. Es gibt in der Tat nichts Schöneres, als das zu tun. Seinen ureigenen Erfolg zu leben, auch wenn es Menschen gibt, die der Meinung sind, dass Erfolg nicht alles ist. Welch ein Schwachsinn, Erfolg ist alles. Wenn du deinen Erfolg definieren kannst, bist du glücklich und im Flow deines Seins. Die meisten Menschen suchen nach dem Glück und finden es nicht, weil sie es irgendwo suchen, nur nicht in sich selbst.

Messbar sein

Du musst deine Ziele jederzeit messen können, was nicht messbar ist, hat keine Chance auf Kontrolle. Dies ist aber einer der wichtigsten Aspekte auf deinem Weg des Erfolges. Tue es und bleibe so lange dran, bis du alles messen kannst. Ohne Messbarkeit endet das Spiel fatal. Die Messbarkeit deines Lebens ist ein Traum und es schafft dir automatisch in allen Bereichen mehr Erfolg. Wir brauchen das Messen, damit wir wissen, wo wir sind und wohin die Reise geht. Stelle dir mal vor, dein Navi kann dir nicht sagen, wie viel Kilometer du bereits zurückgelegt hast, und welche Strecke noch vor dir liegt. Das wäre ein Ding der Unmöglichkeit und deine Tankuhr würde auch keine Werte liefern. Plötzlich ist dein Tank leer und du stehst irgendwo in der Pampa.

Unmissverständlich sein

Darin liegt oft ein großes Problem, dass wir es nicht richtig verstehen. Wenn wir es nicht verstehen, dann geht es den anderen Menschen genauso. Keine Chance auf Durchblick und dann ist das Chaos in jeder Hinsicht perfekt. Also achte bitte stets darauf, dass es für alle passt, und das Verständnis vorhanden ist. Wenn es nicht unmissverständlich ist, fangen wir an Dinge zu missen, und da wird es wahrlich sehr eng für uns.

Hier einige Beispiele, wie es fast immer im Leben abgeht

Für dich einige Beispiele aus dem Leben, was die meisten erzählen auf die Frage, was sie für Ziele haben. Da kommen diffuse Äußerungen zum Vorschein, und da dies zielungenau ist, kann daraus nichts entstehen. Du musst es auf den Punkt bringen, sonst haut es dich um und dann hast du wiederum ein Frustproblem. Hier einige der Beispiele

- „Ich hätte gerne mehr Geld.............!"
- „Ich hätte gerne einen lieben Partner..........!"
- „Ich wünsche mir ein anderes Auto........!"
- „Ich wünsche mir mehr Gesundheit..........!"
- „Ich möchte gerne schlanker sein.........!"
- „Ich würde gerne in Urlaub fahren.......!"

Das sind nur wenige Beispiele, die da zur Verfügung stehen. Ich bin mir sicher, dass du auch jede Menge kennst. Es gibt kaum jemand, der dir genau sagen kann, was Sache ist. Die meisten Menschen sind absolut nebulös unterwegs. Darum sei froh und dankbar, dich hier auf einem völlig anderen Pfad zu bewegen. Du erhältst viele Inputs mit auf den Weg. Nimm sie alle an und was noch weitaus wichtiger ist, setze diese bitte um. Nur wenn du in die Handlung kommst, hast du die Chance, dass sich da richtig etwas für dich tut. Handlungen führen zu Ergebnissen und im Wort Handlungen ist das Wort „Hand“ enthalten. Das heißt, dass du es in die Hand nimmst, explizit in deine Hände.

Ich hätte gerne mehr Geld

Was ist das für eine komische Aussage, und wenn ich nachhake, heißt es in der Ergänzung „Eben genug Geld.“ Das ist genauso schwach, denn wie viel ist genug? Das ist relativ, denn jeder hat da ein völlig anderes Empfinden. Darum ist es wichtig, dass wir es spezifizieren, auf den Punkt bringen. Wie viel Geld soll es sein? Sind es € 500,00, oder € 100.000,00, oder sogar eine Million? Das wäre die eine Frage und die zweite in welchen Zeitraum? In zehn Jahren, einem Jahr, einem Monat, einer Woche oder einem Tag? Vielleicht sogar stündlich, alles ist möglich und das ist wichtig, dass man es spezifiziert. Sollte Geld für dich auch ein Thema sein, so wie für die meisten Menschen auf dieser Erde, dann nenne es klar, konkret, messbar und unmissverständlich.

Ich hätte gerne einen lieben Partner

Was heißt denn einen lieben Partner? Auch da gilt es klar dies zu fixieren. Denn einen lieben Mann oder eine liebe Frau, das reicht bei Weitem nicht aus. Da musst du in medias res gehen und exakt überprüfen, wie groß er sein soll. Welchen Beruf, wie viel Geld und vieles mehr. Ich habe das in dem Buch „Ein Millionär als Traumpartner“ beschrieben. Auch hier darfst du nichts dem Zufall überlassen. Wenn du das tust, landest du womöglich wieder irgendwo, wo du vielleicht nicht hinwolltest. Wie schnell ist man in einer neuen Partnerschaft gefangen, aus der man sehr schwer wieder rauskommt.

Ich wünsche mir ein anderes Auto

Auch nett und was für ein Auto bitteschön? Das ist doch egal, dies ist ein riesiger Schwachsinn. Genau das ist egal, denn es gibt etliche wundervolle Autos. Es fängt mit der Motorisierung, Farbe, Innenausstattung, Geländewagen, Sportwagen, Limousine, Coupe und vieles mehr an. Je genauer desto besser, es muss ja schließlich auch Spaß machen und viel Freude bereiten. Wenn dann jemand wirklich behauptet, dass es nicht darauf ankommt, ist er in der Regel pleite.

Ich wünsche mir Gesundheit

Wo fängt bei dir Gesundheit an, was ist wichtig für dich? Welche Parameter müssen hierzu erfüllt sein, um sich überhaupt gesund zu fühlen? Denn Gesundheit ist ein dehnbarer Begriff und man merkt das Thema immer erst dann, wenn diese eines Tages nicht mehr da ist. Dann hat man echt ein Problem und um es schon gar nicht so weit kommen zu lassen, arbeiten wir vorher voll und ganz dagegen. Dass wir vor lauter Fitness strotzen.

Ich möchte gerne schlanker sein

Wie viel schlanker bitteschön? Ein Kilo, zwei, zehn, zwanzig oder noch mehr? Die Palette ist da riesengroß und je genauer, desto besser kann geplant werden, um da hinzugelangen. Denn es gibt nichts Schlimmeres, als sich zu belügen und permanent im Gedanken hängen zu bleiben, wie schön es doch wäre. Das bringt keine Veränderung. Es muss klar, messbar und unmissverständlich sich darstellen können. Sonst ist es zum Scheitern verurteilt.

Ich würde gerne in Urlaub fahren

In den Norden, Süden, Westen oder Osten? In die Berge, oder ans Meer, aktiv oder passiv? Fragen, die auftauchen und die Entscheidung liegt bei dir. Wenn du es nicht glaubst, gehe in ein Reisebüro mit dem Wunsch, in Urlaub fahren zu wollen. Du bekommst jede Menge Kataloge in die Hand gedrückt und kannst damit abrücken. Bis du endlich irgendwann klar, konkret, messbar und unmissverständlich sagen kannst, wohin deine Reise gehen soll.

Wenn du es im Griff hast, ist alles möglich

Am Anfang ist es wie das meiste, ungewohnt und wir tun uns damit sogar schwer. Denn wir haben nie gelernt uns klar auszudrücken und damit in die Kommunikation zu gehen. Die Eltern wussten es oft nicht besser und alle anderen Menschen, die versucht haben, uns das Leben beizubringen, waren auch ein wenig im Bereich des Versagens. Keine super Variante, die sich da abzeichnet. Aber es ist, wie es ist und nun liegt es an uns, was wir daraus machen. Ob wir unser Leben in den Griff bekommen, oder lieber alles dem Zufall überlassen, wie bisher.

Schreibe jetzt deine Ziele auf, wir starten mit den privaten

Danach folgen gleich die Beruflichen, so hast du beides voneinander getrennt. Schreibe nun bitte alles auf, welche Ziele du privat hast. Übe dich nicht in Bescheidenheit, dies machen die meisten und sind der Meinung, dass Bescheidenheit eine große Zierde ist. Lass dir eines gesagt sein, Bescheidenheit ist eine große Dummheit und davon solltest du dich trennen. Auch wenn man dir das in der Art beigebracht hat. Darum bist du heute auch in der Box und nicht außerhalb. Du weißt tief in deinem Inneren, in deinem Herzen spürst du, dass du wo anders stehen könntest. In dir weitaus mehr steckt und das macht oft unglücklich und stresst. Wie lange willst du dich noch damit quälen? Womöglich bis ans Lebensende, das ist natürlich auch eine Variante sein Leben weiterhin in der Box zu verbringen. Ich bin mir jedoch sicher, dass es genau das ist, was du auf gar keinen Fall mehr möchtest.

Darum sei jetzt bitte mutig und überlege nicht lange. Hau rein, wie es treffend heißt, und mache die Meisterleistung, zumindest schon einmal auf dem Papier. Dann ist es nachher nicht mehr so schwer, dies auch in der Realität umzusetzen. Es ist jedoch wie immer im Leben notwendig, dass du einen Anfang findest, auf dem man aufbauen kann. Am Anfang nur ein wenig und dann immer mehr. Sei dir gegenüber dankbar, dass du das Buch in der

Hand hast und es erkennst, dass es definitiv kein sehr schönes Leben ist, sich nicht zu leben. Also lege los, schreibe alle privaten Ziele auf und sollte der Platz nicht reichen, klebe bitte ein Blatt Papier ins Buch und weiter geht es. Danach schreibe auf, wieso das so ist, und seit wann.

Meine privaten Ziele?	**Wieso ist das so?**	**Seit wann?**
1.) ______________	______________	__________
2.) ______________	______________	__________
3.) ______________	______________	__________
4.) ______________	______________	__________
5.) ______________	______________	__________
6.) ______________	______________	__________
7.) ______________	______________	__________
8.) ______________	______________	__________
9.) ______________	______________	__________
10. ______________	______________	__________

Wie fühlt es sich für dich an? Als ich es das erste Mal gemacht habe, bekam ich Herzklopfen und es lief mir eiskalt den Rücken runter. Dazu bekam ich noch ein Wechselbad der Gefühle zwischen Euphorie und Panik. Ein unglaubliches Gemisch, was sich da bei mir auftat. Dann kam die Angst irgendwo auf, wie soll ich das alles schaffen und vieles mehr. Es war nicht lustig und ich habe in der Tat ein ernstes Wort mit mir selbst gesprochen. „Was willst du überhaupt, willst du ewig klein und unscheinbar sein, oder willst du endlich zur Größe werden?“ Danach ging es langsam, aber mir fehlte natürlich das Wissen, wie man dahin kommt, es darstellt, um zum Erfolg zu gelangen. Da wurde mir klar, es geht nur über Modelling of excellence, was nichts anderes heißt, als von erfolgreichen Menschen zu lernen. Das war die Lösung, denn wenn einer es weiß, dann sind es die Menschen, die schon dort sind, wo ich hinmöchte.

Alle anderen hatte ich bereits um mich herum. Alles Spezialisten die wussten, wie es geht. Aber kein Einziger von denen hat jemals etwas bewegt. Das habe ich dann verstanden, dass mir diese Menchen nicht guttun. Im Gegenteil, sie sind im höchsten Maße kontraproduktiv und dem wollte ich aus dem Weg gehen. Deswegen habe ich mich an die Erfolgreichen gewandt. Diese konnten mir erklären, was alles zu tun ist, um Erfolge nach Hause zu bringen. Das war mein Start mit meinen ersten Coaches, die mich begleitet haben. Ich habe gelernt, viele Schulungen, Seminare, Vorträge zu besuchen, Bücher zu lesen und parallel dazu, fast Tag und Nacht Hörbücher anzuhören. Mit jedem ging es ein Stück besser.

Jetzt aber zu dir, wie fühlst du dich gerade im Moment? Geht es dir sehr gut? Macht es dich glücklich, allein der Gedanke daran, was alles möglich ist? Oder bist du eher verängstigt all der Dinge, die da auf dich harren? Beides ist möglich, wie bei mir, wichtig ist nur, dass du dem Negativen keinen Raum einräumst. Du brauchst Platz für deine neue und wundervolle Zukunft. Glaube ganz fest an deine Träume und erinnere dich bitte an die Aussage

„Der Glaube versetzt Berge!“

Du kannst es in dein Leben für dich aufnehmen und ebenso diesen Glauben weiter ausbauen. Diesen unerschütterlichen Glauben, dass dir nichts und niemand mehr etwas anhaben kann. Du förmlich über den Dingen stehst und alles möglich ist. Gehe bitte jeden Tag mit den Gedanken schwanger und lass es dir dabei richtig gut gehen. Erfreue dich deines wundervollen Lebens, was du bis jetzt schon hattest und was ab sofort auf dich zukommt. Das ist weitaus gigantischer und wird dich zu Höchstleistungen antreiben. Du wirst nie mehr in die Box zurückwollen. Reduziere jetzt deine zehn Punkte auf die drei wichtigsten für dich.

Meine privaten Ziele?	**Wieso ist das so?**	**Seit wann?**
1.) ______________________	_______________	___________
2.) ______________________	_______________	___________
3.) ______________________	_______________	___________

Wie ist es jetzt für dich? Trägt es dich in andere Bereiche hinein, spürst du die starke Energie, welche davon ausgeht? Ich wünsche es mir sehr für dich. Denn wenn man anfängt, sich mit dieser Energie zu verbinden, geht es einem unglaublich gut. Es ist ein Gefühl von absoluter Leichtigkeit und genau da müssen wir hin. In der Leichtigkeit des Seins sein Leben zu frönen, ist gewaltig. Das geht aber wie schon öfters erwähnt nur, indem ich die Box endgültig und für immer verlasse. Das schöne Leben kann nur außerhalb der Box stattfinden und du bist ein Teil davon. Mache dir bitte kein Kopfzerbrechen, wie du es schaffen kannst. Das ist unnötig, du wirst es schaffen. Es ist wie mit allem im Leben, ein Prozess, den wir zu gehen haben.

Der erste und letztlich wichtigste Schritt ist eine Entscheidung zu fällen. Wenn wir dies nicht tun, bleibt es so, wie es ist. Danach folgt die Planung, diese gehen wir im übernächsten Kapitel durch. Wie man diese vernünftig und vor allem auch zügig aufbaut. Wenn es zu lange dauert, war es das in der Regel. Wir haben uns jedoch entschieden Ergebnisse zu erzielen. Dafür habe ich das Buch hier geschrieben und du hast es dir besorgt. Damit eine Änderung in dein Leben eintreten kann und darf. Nachfolgend reduziere bitte die drei Punkte auf dein stärkstes Ziel. Wo du spürst, dass unendliche Kraft dahintersteckt. Wir können unmöglich alle Ziele auf einmal verfolgen. Aber unser brennendstes Ziel können wir angehen und es als erstes in Erfüllung bringen. Danach folgen weitere wundervolle Ziele.

Mein privates Ziel? **Wieso ist das so?** **Seit wann?**

1.) ______________________ ______________ ___________

Du hast es geschafft, ich finde es klasse und bin stolz auf dich. Ich hoffe sehr, dass du das auch bist. Ein wichtiger Aspekt, dass wir mit uns und unserer Leistung glücklich sind. Sonst machen wir etwas falsch und das wollen wir auf alle Fälle vermeiden. Ich denke wir haben bereits genügend Fehler fabriziert. Ich glaube, du bist auch meiner Meinung, wenn wir noch Fehler machen, erlauben wir uns nur neue.

Dein Fazit: ____

Schreibe jetzt deine beruflichen Ziele auf

In diesem Kapitel beschäftigen wir uns mit dem Business, was denkst du? Wenn es dir privat sehr gut geht, geht es dir auch beruflich besser und du bist dadurch imstande Höchstleistungen zu erbringen. Dies braucht es heute unbedingt im Business. Das lauwarme Gedöns, wie häufig anzutreffen, mit einem Haufen hoch unmotivierten Menschen, müssen wir endlich hinter uns lassen. Wir schaden uns nur selbst durch dieses Verhalten. Ich bin der Meinung, wenn wir etwas machen, machen wir es bitte richtig. Dazu gehört Folgendes

- 100% Leistung sind oder sollten normal sein
- +10% Extraleistung das ist ein absolutes Muss
- +Herzblut und dann passt es

Schauen wir uns die drei Positionen an, was diese für uns bedeuten und wohin sie führen, wenn man sie beachtet und darauf aufbaut. Das ist ein dringlicher Aspekt, sonst haut es nicht hin. Dies dürfen wir uns nicht mehr leisten. Das können gerne die Menschen machen, die weiterhin in der Box leben wollen. Für die ist das Sparprogramm gut genug. Aber niemals für jemanden wie dich, der bereit ist, neue Wege des Erfolges zu gehen.

100% Leistung sind oder sollten normal sein
Es ist das Mindeste und wenn du ehrlich bist, sind es in der Realität leider zu wenig Menschen, die dem entsprechen. Egal, wo man hingeht, man hat als Kunde oft das Gefühl zu stören und unerwünscht zu sein. Nach dem Prinzip von „Lieber Kunde bezahle und dann gehe aber bitte wieder!“ Ich bin mir sicher, dass du auch

solche Menschen zur Genüge kennst. Also 100% Leistung wäre definitiv der normale Fall und niemals weniger. Achte bitte ab sofort darauf, dass du diese Quote immer erfüllst. Wenn nicht, überdenke bitte das Spiel noch einmal und richte dich neu aus.

+10% Extraleistung, das ist ein absolutes Muss

Es ist das große Thema, immer die Extraleistung mit aufzunehmen. Man nennt dies den sogenannten Mehrwert den Kunden bieten. Das heißt, mehr als was der Kunde bezahlt hat. Wenn du das in dein Leben integrierst, hast du gewonnen und zählst zu den Großen. Im englischen heißt es treffend „Overdelivery" und das ist nicht so schwer. Es gelingt aber nur, wenn wir das tun, was uns Spaß und Freude bereitet. Hier wird es für die meisten eng, da die Menschen eben nur einem Job nachgehen und nicht ihrer Passion. Ihrer Berufung, die sie hundertprozentig erfüllt. Dies ist das Thema, wirklich nur noch das zu tun, was einem beseelt und alles andere wegzulassen. Überprüfe bitte, ob du das auch machst?

+Herzblut, dies ist das Optimum

Herzblut ist die Krönung, man nennt dies auch das Feuer der Begeisterung. Du musst das, was du tust, über alles lieben und völlig darin aufgehen. Wenn du das nicht machst, wird es zum Krampf und du verlierst, bevor es richtig losgeht. Leider rennen viele dem Geld nach und dieses Rennen kannst du nie gewinnen. Das Geld ist immer schneller unterwegs als du. Du hast keine Chance, denn vor dem Verdienen steht nach wie vor das Dienen. Das ist es, worauf du dich zu konzentrieren hast. Wenn du es mit Herzblut umsetzt, bist du unschlagbar. Schreibe jetzt bitte alles auf, was du gerne beruflich erreichen möchtest und denke daran, es muss klar, konkret, messbar und unmissverständlich sein.

Meine beruflichen Ziele?	Wieso ist das so?	Seit wann?
1.) ______________________	_______________	__________

2.) ______________________ _______________ ___________

3.) ______________________ _______________ ___________

4.) ______________________ _______________ ___________

5.) ______________________ _______________ ___________

6.) ______________________ _______________ ___________

7.) ______________________ _________________ ________

8.) ______________________ _______________ ___________

9.) ______________________ _______________ ___________

10. ______________________ _______________ ___________

Klasse, dass du die Aufgabe erledigt hast. Wie geht es dir jetzt damit? Es ist im wahrsten Sinne ein paradiesischer Zustand. Vieles ist für dich möglich, wenn du dich auf den Weg machst. Das ist die berühmte Grundvoraussetzung, denn sonst bleibt alles, wie es war. Du kennst bestimmt auch Menschen die das, dies und jenes möchten, sich aber nie aus ihrer Box entfernen. Diese wundern sich, dass es nicht vorangeht und womöglich sogar andere Personen an ihnen vorbeiziehen. Das ist verrückt, wenn man solch eine Marschrichtung an den Tag legt. Du siehst jetzt anhand von deinen Aufzählungen, was alles geht. Nutze die Macht der Ziele für dein Weiterkommen.

Was sich super bewährt hat, sind sogenannte Zielcollagen. Wo du deine Ziele auf ein Plakat klebst und das Ganze möglichst mit vielen Bildern und Fotos. Das hilft deinem Visuellen und da dein Unterbewusstsein sowieso alles nur in Bildern abspeichert, passt das wunderbar zusammen. Gib dir die Chance und so kannst du es jeden Tag anschauen. Permanente Wiederholung schafft Wirklichkeit und dann ist es eines Tages so, als wäre es nie anders gewesen. Reduziere nun deine zehn Punkte wiederum auf die für dich drei wichtigsten.

Meine beruflichen Ziele?	**Wieso ist das so?**	**Seit wann?**
1.) ____________________	______________	__________
2.) ____________________	______________	__________
3.) ____________________	______________	__________

Wie ist es jetzt für dich, frage dich das bitte immer wieder. Dadurch hast du die Chance, super voranzukommen und viel zu erreichen. Dies ist das Leben und die Freude, aus dem was wir mitbekommen haben, etwas sehr Großes zu gestalten, was noch nie da gewesen ist. Die Krönung unseres Lebens ist, dass wir uns voll und ganz in allen Richtungen leben, förmlich ausleben. Nur dadurch geht es uns supergut und wir fühlen uns angekommen. Kennst du auch Menschen, die permanent auf der Suche sind, und nie ankommen? Das ist fatal, wenn man ein Leben lang nicht ankommt und nur noch der Tod einem erlösen kann. Das finde ich besonders heftig und das wollen wir doch sicherlich nicht. Reduziere es jetzt bitte auf deinen Hauptpunkt.

Mein berufliches Ziel?	**Wieso ist das so?**	**Seit wann?**
1.) ____________________	______________	__________

Spätestens jetzt müsste dein Herz höherschlagen und dich in eine gewisse Unruhe versetzen. Du hast es gepackt, hast dein stärkstes Ziel vor Augen und das ist wundervoll. Ich persönlich mache die

Übung mindestens einmal pro Jahr. Da setze ich mich hin und ziehe Bilanz, was war gut, was war sehr gut und was schlecht oder sogar miserabel. Wenn ich das alles habe, blicke ich klar, wohin mein Fokus zu gehen hat. Das ist wichtig und spannend. Freue dich darüber, wenn du es regelmäßig tust. Kontrolliere es täglich, ob du auf dem richtigen Weg bist. Dann einmal die Woche die größere Kontrolle, ob du alles getan hast, danach monatlich und vierteljährlich.

Dieses Jahr zum Beispiel steht bei mir unter dem Motto „Seminare, Seminare, Seminare!" Mit der Vorbereitung habe ich im Dezember letztes Jahr bereits angefangen. Es läuft jetzt im Januar schon absolut sensationell. Da kann gezielt weiter aufgebaut werden und das ist absolut erforderlich. Denn schließlich hat es für mich oberste Priorität, meine Ziele zu erreichen. Dies ohne „Wenn und Aber" wenn ich mir was vornehme, dann ziehe ich es stets durch. Ein wundervoller Traum, der sich da auftut, klasse und großartig. Das Leben ist zu wertvoll, um es zu verplempern. Gehe du stets in die Fülle und mache das Allerbeste daraus. Eine sportliche Herausforderung, welche aber immens glücklich macht und dich auf einen viel höheren Level befördert. Da gehörst du hin, in die nächste Dimension. Womöglich denkst du jetzt, was das für ein Geschwafel ist und weißt du was, aus deiner Sicht hast du natürlich völlig recht.

Dein Fazit: ______________________________

Du hast eine der wichtigsten Arbeiten vollbracht

Womöglich hast du dir sogar zum ersten Mal in deinem Leben intensive Gedanken gemacht, wie du aus der Box endgültig aussteigen kannst. Nie mehr in der selbst bestimmten Gefangenschaft verharren müssen. Ich darf dir dazu eines sagen, es ist wundervoll, wenn du es tust. Ich stehe oft davor, schaue mir die Menschen an und denke, wieso machst du nichts aus deinen Fähigkeiten? Wieso machst du nichts Großes aus deinem Leben? Wieso, wieso und nochmals wieso und weißt du was, es gibt darauf keine Antwort. Das ist eigentlich traurig, wenn man das erlebt. Wieso machen die Menschen das nur? Weil sie unendlich viel Angst haben und sie stark konditioniert wurden, dass sie da kaum mehr rauskommen. Das ist im höchsten Maße fatal.

Nur du kannst es ändern

Wenn du das verstanden hast, bist du viel weiter, als die meisten jemals in ihrem Leben sein werden. Es ist die Krönung, das Größte, was es überhaupt nur gibt. Du stehst vor einer neuen Situation, schaust sie an und merkst plötzlich, dass es gar nicht so schlimm ist. Du das Potential in dir hast, es nachhaltig in die richtigen Bahnen zu lenken. Darum warte keine einzige Sekunde länger, in die Veränderung zu gehen. Sich zu ändern, zu entpuppen, ist die Krönung des menschlichen Daseins. Als ich es das erste Mal für mich entdeckt hatte, ging die Sonne auf. Früher fühlte ich mich manchen Dingen gegenüber ohnmächtig. Es ging mir damit überhaupt nicht gut, denn ich hatte das Gefühl, aus der Nummer nicht mehr rauszukommen.

In dir ist alles vorhanden

Sei dir dessen bitte bewusst, in dir ist wirklich alles vorhanden, was du zum Leben brauchst. Du bist ein eigenständiger Mensch, der super funktioniert, für alles ist gesorgt. Oder machst du dir im Moment gerade Gedanken über die Fließgeschwindigkeit deines Blutes? Ich glaube nicht, genauso wenig wie, ob genügend Magensäfte vorhanden sind, oder du hier nochmals ein wenig mehr von dem einen oder anderen Saft produzieren musst. Auch das tust du nicht, es läuft automatisch und so ist es mit allem im Leben. Wenn man auf dem richtigen Pfad ist, verschwinden die Grenzen und immense Kraft und Energie zieht ein. Arbeite fest daran, dass deine Systeme weiter funktionieren und es für dich kein Ende gibt.

Ja du kannst

Ja du kannst immer und stetig. Ich weiß, dass ich mich manchmal wiederhole, für mich kommt bei jeder Wiederholung folgendes zutage

„Permanente Wiederholung schafft Wirklichkeit!“

Ist das nicht wundervoll, ich liebe es? Die Gefahr dabei ist natürlich, dass negative Wiederholungen sich genauso manifestieren wie die positiven. Darum musst du genau aufpassen, in welche Richtung dein Spiel geht. Da so viele Menschen negativer Natur sind, ist es fatal und tragisch. Denn bevor man sich richtig versieht, ist man sofort im Negativen hundertprozentig drin. Je länger das dauert, desto schwieriger wird es da, wieder rauszukommen. Das Negative bezeichne ich auch als die große, schwarze und dunkle Box. Vor lauter Dunkelheit sieht man nichts mehr und glaubt noch ziemlich schnell, dass dies völlig normal ist.

Du hast unendliche Kraft in dir

Ist dir das schon einmal aufgefallen, wie viel Power in dir steckt? Das ist absolut phänomenal. Mich begeistert es, wozu ein Mensch imstande ist, wenn er will und den Sinn seines Lebens versteht. Frage an dich, welchen Sinn gibst du deinem Leben? Was motiviert dich, treibt dich täglich an und wohin geht die Reise? Viele Menschen haben ihre Kraft auf die berühmten Nichtigkeiten des Lebens reduziert. Wie, was essen wir heute Abend, was kommt im Fernsehen, machen wir am Wochenende usw.! Ich weiß, ein wenig böse, aber schau dich doch bitte mal um. Du wirst das immer wieder in dieser Form für dich feststellen dürfen. Dabei können wir unsere Kraft wahrlich für viel Größeres nutzen.

Leider hat man uns teilweise Ohnmächtigkeit gelehrt

Wie bescheuert ist denn das, man hat versucht uns klein zu machen und zu halten. Hat viel mit der Liebe operiert, nach dem Prinzip von „Wenn du lieb bist, ist alles gut und wenn nicht, dann.....!" Wie kann man nur derart unterwegs sein, das ist fatal und führt ins Aus, wenn man diese Glaubensmuster nicht aus sich verbannt. Wie kann man das zulassen, jetzt wo wir erwachsen und volljährig sind. Es ist klar der Zeitpunkt gekommen, dafür die volle Verantwortung zu übernehmen und auch nie mehr davon abzurücken. Wenn wir nicht aufpassen, bleiben wir ewig in diesen vernichtenden und zerstörenden Programmen hängen. Genau das dürfen wir uns aber nicht erlauben. Darum die klare Ansage, raus aus der Ohnmächtigkeit, rein ins volle und pralle Leben. Wir sind der Designer unseres Lebens und niemand anderes. Wenn wir uns das konkret verbieten, hat es auch keine Chance mehr.

Ändere es, ändere jeden Tag einiges

Das gebe ich dir mit auf deinen Lebensweg, denn dein Leben ist nicht in Stein gemeißelt, es ist jederzeit änderbar. Du kannst es jeden Tag ändern und dein Leben ein wenig besser machen als bisher. Das bist du dir und deinen Mitmenschen schuldig. Wenn du es nicht machst, wer soll es sonst tun? Die anderen Menschen wissen nicht, was du exakt möchtest, wofür du stehst und lebst. Du bist dein ein und alles und das wird auch so bleiben. Denn du hast dich bis an dein Lebensende, ergo heißt das für dich, dass du mit dir klarkommen musst. Sei daher immer achtsam und habe dabei stets dein Ziel vor Augen. Mehr darüber im Kapitel KVP.

Was änderst du

Jetzt gehen wir wieder in die Umsetzung, was kannst du und was willst du ändern? Dieser Frage gehen wir explizit nach, denn du kennst dich ja bereits, was du nicht gleich angehst, wird erneut auf die lange Bank geschoben. Dort ist es schlecht aufgehoben, denn der Weg bis hin ins Vergessen ist nur noch ein kurzer und zügig erreicht. Darum tust du jetzt das, was alle Erfolgreichen machen, sie schreiten sofort zur Tat. Nur durch Machen und Tun verändert sich die Welt und neue, großartige Dinge tun sich dadurch auf. Schreibe jetzt auf was du änderst, wieso du das tust und vor allem wann. Die Festlegung eines Datums ist genauso entscheidend für den Erfolg, wie die Entscheidung, es zu tun.

Ich ändere?	Wieso?	Wann?
1.) ____________________	________________	________

2.) ____________________ ________________ ________

3.) ____________________ ________________ ________

4.) ____________________ ________________ ________

5.) ____________________ ________________ ________

6.) ____________________ ________________ ________

7.) ____________________ ________________ ________

8.) ____________________ ________________ ________

9.) ____________________ ________________ ________

10. ____________________ ________________ ________

Wenn ich mir regelmäßig solche Listen erstelle, wird mir im ersten Moment immer angst und bange. Dann denke ich mir, es nicht zu schaffen. Dass es noch so weit weg ist von mir und es viel zu viel ist. Ich bin mir sicher, auch du kennst dieses Phänomen. Dann fange ich an es zu reduzieren, auf die für mich wichtigsten Punkte, sonst schaffe ich es nicht. Ich kann nicht sofort an allen Fronten angreifen, da würde ich völlig verloren gehen, das mag ich nicht. Ich habe hierfür meine spezielle Metapher

- Ich bin ein Gewinner
- Ich gewinne immer
- Komme was da wolle

Das hört sich im ersten Moment lapidar an, halt ein paar Sprüche und zusammenhängende Sätze. Da steckt aber viel Musik drin. Was sagen wir denn sonst immer wieder „Ob ich das wohl schaffe. Ach Gott, ach Gott..........“ usw.! Damit schießt du dich komplett ab und das wollen wir nicht mehr. Wir wollen Erfolg und viel Lebensfreude haben. Darum diese wundervolle Metapher und gewöhne es dir an, diese von früh bis spät immer wieder zu sagen. Es gibt kein zu viel, es gibt immer nur ein zu wenig.

Ich bin ein Gewinner

Das ist eine klare Ansage und damit weiß jede Zelle von dir, wohin die Reise geht. Nicht so wie das gerne gemacht wird „Ich probiere mal, vielleicht funktioniert es ja!“ Probieren kannst du ein Glas Wein, aber nicht das Leben und den Erfolg. Da musst du felsenfest überzeugt sein, dass du es schaffst. Stell dir mal vor, Sportler würden in den Wettkampf ziehen ohne klare Überzeugung, dass sie gewinnen. Sie würden mit Sicherheit nicht gewinnen. Du hast bestimmt schon gehört, dass Siegen im Kopf anfängt und dort wieder aufhört. Die mentale Stärke, ist die größte Kraft, die wir in uns haben. Darum nutze auch du sie für dich, und du kommst viel schneller voran, deine Erfolge geben dir recht. Du hast danach unendliche Lebensfreude und auch das Monetäre stimmt.

Ich gewinne immer

Das ist das völlige Ausschlusskriterium, da gibt es nichts anderes mehr, weil du immer gewinnst. Ich weiß und spüre es, dass wenn man solche Aussagen trifft, sich sofort Widerstand aufbaut. Dies nicht sein kann, nicht möglich ist. Man im Leben auch verliert und niemand kann nur gewinnen. Doch du kannst immer gewinnen, und wenn es mal nicht rund läuft, überlege dir, wie du dazu stehst. Siehst du es als kapitale Niederlage oder als eine weitere Lektion zu noch mehr Freiheit und Erfolg?

„Nicht was passiert ist maßgebend, sondern wie du damit umgehst!“

Lese dir diesen Satz immer wieder durch, darin liegt die absolute

Wahrheit. Manchmal passieren Dinge in unserem Leben, die sind außerhalb unserer Kontrolle. Was wir aber kontrollieren können, ist wie wir damit umgehen. Welchen Wert wir der Situation beimessen. Da wir jedoch festgelegt haben, dass wir immer gewinnen, ist eine vermeintliche Niederlage nur ein weiterer Sieg, auf dem Weg zum absoluten Erfolg. Erfolg hat auch mit einer Achterbahn zu tun, mal bist du oben und dann wirst du wieder richtig durchgerüttelt und bist ruckzuck unten. Das Einzige, was du machen musst, dich gut festhalten, denn es geht ja wieder hoch. Aber wenn du glaubst, dass es nicht mehr hochgeht, hast du verloren und wirst unten bleiben.

Komme was da wolle

Damit machst du dich stark und es ist wirklich das Größte, was du da machen kannst. Egal, was kommt, eines sei dir gewiss, jeden Tag kommt irgendetwas oder sogar sehr vieles. Das ist Leben und sei dankbar dafür, dass ganz viel kommt, denn das macht dich unendlich stark, für alles was im Leben passiert. Jetzt gebe dir die Chance und wiederhole diese Metapher die nächsten 30 Tage, mindestens 50x am Tag. Das scheint im Moment unendlich viel zu sein, wenn du es aber immer wieder anwendest, geht das und es wird zu einem Teil von dir. Das heißt, du kannst nicht mehr anders und spürst diese unabänderliche Kraft in dir.

Reduziere es jetzt bitte auf deine drei stärksten Faktoren

Nachfolgend reduziere es auf deine drei stärksten Faktoren. Bitte beantworte die Punkte, ohne lange zu überlegen. Einfach den ersten Gedanken aufschreiben und daraus wieder neue Erkenntnisse und Energien tanken. Jedes Mal, wenn du dir selbst ein Stück näher kommst, geht es dir weitaus besser und du fühlst dich dir dadurch wesentlich näher. Um das geht es, sich immer näher zu kommen und damit in das eigene Verständnis einzusteigen. Je näher du dir bist, desto mehr Selbstwert baust du automatisch dadurch auf, und umso stärker gehst du durch das Leben. Dein Leben ist nur das, was du daraus machst. Wenn du gerne mehr hättest, musst du mehr tun. Eigentlich ist es simpel, und wenn man das verstanden hat, steht einem wirklich alles offen. Du musst aber bereit sein, den ersten Schritt zu gehen. Wenn du diesen getan hast, gehst du noch einen und noch einen.

Das Ende der Schritte wird erst sein, wenn du deine Augen für immer schließt. In dem Moment, wo du diese Erde verlässt, ist es aus und vorbei. Vorher bist du jedoch in der vollen Entwicklung drin. Ich nenne das auch die lebenslange Pubertät. Denn kaum ist die eine überwunden, kommt schon die nächste Phase. Mir geht es auch so in meiner Entwicklung

„Vom Meister zum Schüler!“

und dann wieder

„Vom Schüler zum Meister!“

Wer behauptet nur noch Meister zu sein, wird über kurz oder lang hinten runterfallen. Der hat keine Chance im Markte zu bestehen. Denn der Markt ist in permanenter Veränderung und je schneller wir das begriffen haben, desto besser können wir uns positionieren. Ein Traum dieses Wechselspiel und genussvoll, wenn wir dazu bereit sind. Wenn nicht, wird es zum Krampf. Dann wird sich das Leben unendlich schwer und schmerzvoll darstellen.

Ich ändere?	**Wieso?**	**Wann?**
1.) ____________________	________________	________
2.) ____________________	________________	________
3.) ____________________	________________	________

Schon wieder bist du ein Stück weitergekommen, wie wundervoll. Bitte sei unbedingt dankbar und glücklich darüber, dass du es erfasst hast. Du weißt, wie es geht, und verstehst damit auch das Leben. Das ist großartig, denn viele Menschen begreifen das nicht, dass man dafür etwas tun muss. Durch Passivität allein hat sich noch nie etwas getan. Oh Mann, es ist permanent die gleiche und leidige Geschichte.

„Von nichts kommt auch nichts!“

Das gilt es ein für alle Mal zu verstehen und sich dann das eigene Leben danach auszurichten. Nur wenn wir das tun, verstehen wir auch, dass wir die Einzigen sind, die außerhalb der Box leben können. Nicht mehr dem Irrglauben zu unterliegen, dass sich draußen eine feindliche Welt befindet und man daher lieber in der Kiste bleibt. Denn die feindliche Welt ist innen, sie vernichtet dich und dein Leben. Sie tötet jegliche Form von Entwicklung ab und wer sich nicht entwickelt, geht in seiner Entwicklung rückwärts.

Es ist mühsam, sich mit solchen Menschen abzugeben. Denn sie wissen nicht, was sie wollen und sind nur nervend unterwegs. Diese Leute bleiben immer in ihrer Box und erzählen dir noch, wie schwer und mühsam das Leben sich darstellt. Alles ein harter Kampf und Krampf ist. Plus viele weitere idiotische Geschichten. Das ist keine gute Ausgangsbasis. Darum lasse diese Menschen lieber, wo sie sind, und gehe deinen Weg des Erfolges. Da bist du definitiv besser aufgehoben und erzielst damit noch positive und lebensbejahende Ergebnisse. Reduziere nun bitte die drei Punkte auf deinen stärksten Faktor. Wo du in dir spürst, dass du dafür hundertprozentig brennst.

Ich ändere?	**Wieso?**	**Wann?**
1.) ____________________	________________	________

Du bist echt klasse und gut drauf, dich in die Veränderung einzulassen. Genauso macht man es, dranbleiben und neue Ergebnisse schaffen, das ist entscheidend, denn hier gibt es die berühmte Falle von wegen, haben wir schon gemacht und kennen wir. Immer wenn du so denkst, ist es in der Tat gefährlich und unklug. Jetzt wo du es geschafft hast, bleibe bitte fest an deinem neuen Vorsatz und ziehe es durch. Dadurch schaffst du dir wundervolle Ergebnisse, die dir guttun und dich weiter aufbauen. Du brauchst die Motivation, die daraus entsteht. Durch Machen und Tun, wirst du stärker und stärker. Du brauchst diese Stärke, um alles zu bewältigen, was anliegt.

Dein Fazit: ____

KVP hilft dir

Das ist eine der stärksten Kräfte, die wir überhaupt nur mobilisieren können. Der berühmte kontinuierliche Verbesserungs-Prozess hilft weiter zu kommen und alles im Griff zu haben. So heißt das für uns täglich und öfters zu prüfen, wie das was wir gerade getan haben, ausgefallen ist. Überprüfung ist wichtig, denn nur das hilft uns genau zu schauen, ob wir noch richtig sind. Das geht aber nur, wenn wir aus der Box rauskommen, andere Dinge machen und dadurch viele neue Erkenntnisse gewinnen. Darauf können wir wiederum aufbauen und weiter machen, um uns buchstäblich so zu positionieren, dass es passt.

Wie läuft das Werk KVP ab

Es ist so simpel, du überprüfst bei allem, was du tust, sofort, ob es für dich gut war oder nicht. Einige weitere Parameter kommen hier noch zum Tragen. Schauen wir diese uns gleich an, mit welchen Gradmessern du unterwegs bist. Hier die Fragen, die du dir bitte stellen sollst, wenn du etwas getan hast.

- War das gerade gut
- War das gerade sehr gut
- War das gerade overstanding
- War das gerade miserabel

Jetzt betrachten wir uns das Ganze näher, wie es sich darstellt, wenn man es analysiert. Denn wir dürfen das unmöglich so stehen lassen. Es ist immer nur eine momentane Bestandsaufnahme und da heißt es zu überprüfen, wo die Reise hingehen soll. Wenn wir das nicht tun, kommen wir schnell in die Spirale der ständigen Wiederholung rein. Das kennst du bestimmt, wenn sich die Dinge permanent wiederholen, obwohl wir es gar nicht möchten.

War das gerade gut

Gut ist schon mal nett, das reicht aber nicht aus. Denn gut sind einige Leute und manches. Wir wollen jedoch mindestens, wenn wir bei gut sind, ein sehr gut daraus machen. Denn der Weg zum sehr gut ist nicht mehr so weit. Genauso aber auch der Weg zu miserabel, dies ist die gleiche Distanz. Wie schnell kann man abrutschen und da wird es umso schwieriger, wieder rauszukommen. Darum ist es dringlich, dass du dich entscheidest, in welche Richtung die Reise gehen soll. Nach oben oder nach unten, es gibt nur die zwei Richtungen. Du weißt es selbst, einmal gut ist keine Garantie, dass es so bleibt. Denn Veränderung ist in der Natur implementiert und du triffst die Entscheidungen.

War das gerade sehr gut

Das ist wundervoll, wenn du sagen kannst, dass etwas sehr gut war oder ist. Auch hier könntest du stehen bleiben, oder weiter daran arbeiten. Du überprüfst jetzt wie es weiter gehen kann, was du tun musst, damit es ein overstanding wird. Wenn du das nicht machst, kann es zügig abrutschen und zu einem gut werden. Der Weg bis nach unten ist dann nicht sehr weit und ruckzuck bist du beim miserabel und dann? Wer ganz unten gelandet ist, tut sich sehr schwer wieder hoch zu kommen. Fast keine Chance und die Anstrengungen sind enorm. Also lieber darauf achten, oben zu bleiben und weiter hoch zu kommen.

War das gerade overstanding

Das ist die berühmte Königsklasse, das ist super weit oben und echt klasse. Wenn du einmal oben bist, ist das ein klares Zeichen, dass du dich intensiv eingesetzt hast, um überhaupt so weit zu gelangen. Da kannst du super stolz auf dich sein und dich wirklich wertschätzen. So anstrengend, wie es war hochzukommen, so anstrengend ist es auch oben zu bleiben. Am besten sieht man das beim Sport. Da hast du ein Rennen gewonnen und bist ganz oben und damit der Erste. Dann geht es beim nächsten Rennen wieder von vorne los. Das heißt, die Karten werden neu gemischt und so ist das auch im richtigen Leben. Du fängst immer wieder von vorne an und musst beweisen, dass du ein echter Siegertyp bist. Das ist nicht immer leicht und manchmal sogar schmerzhaft. Wenn du aber aufhörst, rutschst du sofort ins Nichts ab. Das ist unnötig und da gehörst du auch nicht hin.

War das gerade miserabel

Wenn du unten bist, ganz unten, hast du wenigstens einen Vorteil, denn tiefer als der Fußboden kannst du nicht mehr fallen. Dann gibt es wieder die Chance, auf der anderen Seite nach oben zu gelangen. Aber unten zu sein, hat gewisse Vorteile, wenn auch nicht gerade schöne. Also nutze die Chance, die sich dir bietet, und fange wirklich bei null an. Du holst richtig Schwung und beamst dich nach oben. Stück für Stück schaffst du es und darfst dich riesig darüber freuen.

Was denkst du jetzt darüber

Ich muss oft lachen, denn es ist manches Mal ein Wechselbad der Gefühle. Von absoluter Euphorie bis hin zur Panik, ist alles vertreten. Unglaublich welche Vielfalt wir Menschen an den Tag legen können. Ich finde das spannend und aufregend. Die menschliche Natur ist grandios und bietet uns einiges an. Wichtig ist es, dies zu erkennen und zu leben. Nur wenn wir unser gesamtes Potential wirklich leben, geht es uns supergut. Dann sind wir im top Bereich angesiedelt und drunter sollten wir nicht gehen. Also egal, wie deine Gedanken zurzeit sind, nimm sie an und forme sie um, falls erforderlich ins Positive. Denn dort bist du weitaus besser aufgehoben. Wieso sollten wir negativ unterwegs sein, wenn die Kehrseite davon Sonne ist?

Führe täglich dein KVP Buch

Ich kann und darf dir dazu nur eines sagen, es ist sensationell, was da abgeht. Du kaufst dir ein schönes Lederbuch, dort schreibst du alles für dich Wichtige und Interessante rein. In einem späteren Kapitel erzähle ich dir noch mehr darüber. Schreibe es auf, wenn du in manchen Dingen eine Veränderung möchtest. Nur über die Schriftlichkeit hast du die Chance, jegliche Form von Änderungen festzuhalten und dadurch diese anzuschauen und zu messen. Wenn du dir Jahre später das erneut zu Gemüte führst, wirst du erstaunt sein, was sich dadurch alles verändert hat.

Bei mir hat sich Folgendes getan

Das war spannend, ich litt seit Jahrzehnten darunter, dass ich morgens nicht in die Pötte kam. Ich bin meistens kurz vor knapp aufgestanden. Alle Versuche waren fruchtlos. Wecker stellen und vieles mehr, hat nichts genutzt. Dann dachte ich mir, aktiviere einfach mal deinen inneren Geist. Denn im Äußeren schaffst du es ja eh nicht. Also fing ich an, jeden Tag in mein Buch unter der Rubrik KVP Folgendes einzutragen „Früher aufstehen, früher aufstehen“ und das jeden Tag. Da hat sich nichts getan. Dann dachte ich mir, ist ja bescheuert, so kann es nicht funktionieren. Du musst es klar, konkret, messbar und unmissverständlich machen. Also schrieb ich einige Monate auf „Um 6.30 Uhr hellwach sein!“ Das war eine klare Ansage, und ob du es glaubst oder nicht, innerhalb von kurzer Zeit war ich plötzlich wach, richtig hellwach.

Das hat übrigens auch bei anderen Kunden geholfen

Ist das nicht wundervoll, diese kleine, letztlich lapidare Übung. Nur aufschreiben und festhalten, damit es wirken kann. Durch das permanente Aufschreiben, wird natürlich jegliche Form der Sinne darauf konditioniert. Das ist klasse, dies sehen zu dürfen. Du bist plötzlich so beseelt und man kann schon fast sagen auch besessen, es zu erreichen. Es wird zur Selbstverständlichkeit und all deine Billionen von Körperzellen fangen an dir aufs Wort zu gehorchen. Das ist so wunderbar und all die Jahre des Krampfes, sind vorbei.

Schreibe jetzt bitte deine KVPs auf

Nun bist du wieder an der Reihe. Welche KVPs hast du und wieso willst du das einleiten? Wir müssen immer den Grund unseres Handelns kennen, nur dadurch können wir hinter die Kulissen blicken. Da müssen wir auch hinschauen, denn alles andere ist nur vordergründig und bringt nichts. Auch hier einfach schreiben und nicht grübeln, denn wer nachdenkt und ins Grübeln kommt, hat im Vorfeld bereits verloren. Halte bitte fest, ab wann du mit deinen KVPs loslegst. Du brauchst ein klares Startdatum, sonst verschiebst du es wie bei vielen Sachen in die Ewigkeit und die kann es für uns nicht unmittelbar geben. Diese schaffen wir erst durch unser Ableben, das Ziel war aber, vorher bereits zu leben und viel Spaß zu haben. Es gibt mehr als genug, die lieber warten und verschieben, bis es zu spät ist.

Meine KVPs?	**Wieso?**	**Ab wann?**
1.) ______________________	________________	________
2.) ______________________	________________	________
3.) ______________________	________________	________
4.) ______________________	________________	________
5.) ______________________	________________	________
6.) ______________________	________________	________
7.) ______________________	________________	________
8.) ______________________	________________	________
9.) ______________________	________________	________

10. ______________________ ________________ ________

Zehn Punkte hast du geschafft, wie unendlich stolz kannst du da auf dich sein. Ich weiß, viele tun das ab, als hätte es keine große Relevanz. Als wäre es fast selbstverständlich, das ist es aber bei Weitem nicht. Hier müssen wir liebevoller mit uns selbst umgehen. Wir müssen wieder anfangen uns zu schätzen und zu achten. Das sind kleine Motivationsspritzen, die wir uns selbst verabreichen und die uns supergut tun. Sie bauen uns auf und geben gigantische Stärke für das Wesentliche. Im Wort Wesentliches ist klar unser Wesen enthalten und damit alles, was unserem Wesen entspricht und das ist jede Menge.

Wie oft haben wir keine Rücksicht darauf genommen. Nur in den Tag hineingelebt, uns dabei selbst belogen und so getan, als wäre alles in Ordnung. Nichts ist in Ordnung, wenn man sich selbst belügt und ich kann das leider nicht verstehen. Also überprüfe dein Leben immer wieder auf Veränderungen und was es dir letztlich bringt. Nur durch Veränderungen schaffst du dir eine völlig neue Welt, die dir super guttut und dich weiterbringt. Reduziere es jetzt bitte auf deine drei stärksten Punkte.

Meine KVPs?	**Wieso?**	**Ab wann?**
1.) ______________________	________________	________
2.) ______________________	________________	________
3.) ______________________	________________	________

Wie ist es jetzt für dich, wie geht es dir? Spürst du die starke Kraft in dir und was es alles bringt? Es ist klasse und großartig, dass du es machst und lebst. Herzlichen Glückwunsch!

Mein größtes KVP? **Wieso?** **Ab wann?**

1.) ________________________ __________________ _________

Wie fühlst du dich, wenn du deinen stärksten Punkt anschaust? Es ist deine größte Aufgabe hundertprozentig darauf zu achten, dass es dir supergut geht, du im grünen Bereich unterwegs bist. Wenn du das nicht tust, kannst du sicher sein, dass es dir schlecht geht und das wollen wir nicht. Wenn wir schon die Wahl haben zwischen sehr gut und overstanding, ist es logisch dort zu bleiben und sich in den Gefilden aufzuhalten. Hier höre ich häufig, wenn das so leicht wäre. Das ist ein dummes Geschwätz, solche Geschichten zu erzählen. Natürlich ist es einfach, aber nur dann, wenn du es tust und dich vollends lebst.

Dein Fazit: ____

Die unendliche Macht der Gewohnheiten

Gewohnheiten sind definitiv unser größter Feind in der Veränderung. Die haben sich fest eingefressen, da gibt es häufig kein Entrinnen. In der Regel haben wir das von uns nahe stehenden Menschen beigebracht bekommen. Das macht es nicht gerade einfacher. Denn die Leute hatten wir, oder haben wir immer noch sehr lieb und das, was die uns damals gesagt haben, da haben wir vieles für bare Münze genommen. Einiges auch bis zum heutigen Tage. Ob es uns guttut oder nicht, steht nicht zur Debatte. Es ist fatal, wie einprägsam sich manches gezeigt hat. So sind wir im Laufe unseres Lebens von etlichen verschiedenen Faktoren beeinflusst worden, und werden es teilweise immer noch.

Die Manipuliererei hört nie auf

Das muss dir bewusst sein, diese Manipuliererei wird ein Leben lang dauern. Auch ich manipuliere dich, falls du es noch nicht gemerkt hast. Ich führe dich zu einem selbstständigen Menschen hin, welcher endlich mit beiden Füßen im Leben steht und genau weiß, was Sache ist. Es gibt aber auch andere Menschen und die Medien, welche natürlich alle für ihre Belange unterwegs sind. Sie sind buchstäblich nimmer müde, teilweise sogar massiv zu manipulieren. Das haben wir auch sehr oft in der eigenen Familie. Alles unter dem berühmten Deckmäntelchen

„Ich meine es doch nur gut mit dir!“

Wenn du so etwas hörst, solltest du zügig abhauen. Denn die Leute sagen hiermit „Ich meine es nur gut mit mir und solltest du dich ändern, wäre das nicht gut für mich. Meine Bequemlichkeit würde schlagartig wegfallen und es wäre nicht mehr das gleiche Leben.“

Der Volksmund sagt, dass wir starke Gewohnheitstiere sind

Das kennst du bestimmt und genau das führt uns sofort in die Box. Denn dort kennen wir uns aus, es ist permanent das Gleiche. Wir beklagen uns öfters, leben aber letztlich lieber damit, als zu neuen Ufern aufzubrechen, die uns unbekannt sind. Der Preis ist für solch ein Verhalten hoch, das ist aber den wenigsten bewusst. Lieber unglücklich sterben, als die Box zu verlassen. Wahnsinn, was da die Menschen mit sich machen. Das muss man sich echt mal geben, wohin so ein Verhalten führt. Darum achte darauf, dass du den anderen Weg gehst, den berühmten Königsweg der Freiheit, ohne irgendwelche Konventionen.

Wenn du versuchst auszubrechen gibt es Ärger

Das hast du bestimmt bereits erlebt, sofort meldet sich von allen Seiten eine mehr oder minder starke Opposition. Denn man würde es niemals dulden, dass du plötzlich Erfolg haben kannst, mit dem was du tust. Damit es nicht soweit kommt, versucht man lieber im Vorfeld alles abzublocken und dir zeitweise das Leben schwer zu machen, dass du gerne darauf verzichtest, irgendwelche Eskapaden einzugehen. Die Mitmenschen setzen ein ungeheuerliches Potential an Manipulationsformen ein, damit sie dich dabehalten können, wo du schon seit ewigen Zeiten warst. Das geht von subtil bis hin zu Drohungen, dass man dich verlassen wird und so weiter. Da darf ich aus eigener Erfahrung sprechen. Ich kann dir nur den Tipp geben, niemals mehr zurückzurudern. Das wäre fatal, denn dann hast du für alle Zeiten verloren. Bleibe hartnäckig, auch wenn es so aussieht, als würde um dich herum die Welt untergehen.

Beschreibe jetzt die Macht deiner Gewohnheiten

Wo spürst du die Macht deiner Gewohnheiten? Ich merke das sofort, wenn es bei mir irgendwo klemmt. Dann schaue ich nach, woher das kommt. Oft gelingt es mir auf Anhieb sofort zu sagen, von wem ich das übernommen habe. Weißt du, wie katastrophal das ist, dass wir oft völlig unbewusst Verhaltensmuster von anderen Menschen übernommen haben? Ohne Filter, in uns aufgenommen und verankert. Das ist verrückt, was wir da gemacht haben. Wenn wir nicht aufpassen, geht es gerade so weiter, mit den neuen Programmierungen. Wo soll das hinführen? Deswegen sind viele Menschen gefangen und sollten sie tatsächlich die eine verlassen, gehen sie sofort in die nächste Programmierung über. Da musst du auf dich aufpassen, denn so kannst du nicht dein Leben gestalten. Schreibe jetzt all deine Gewohnheiten auf und erkläre, warum das so ist und seit wann du es in dir aufgenommen hast.

Meine Gewohnheiten?	**Warum?**	**Seit wann?**
1.) ____________________	____________________...	__________
2.) ____________________	____________________...	__________
3.) ____________________	____________________...	__________
4.) ____________________	____________________...	__________
5.) ____________________	____________________...	__________
6.) ____________________	____________________...	__________
7.) ____________________	____________________...	__________
8.) ____________________	____________________...	__________
9.) ____________________	____________________...	__________
10. ____________________	____________________...	__________

Als ich das gemacht habe, bin ich erschrocken und fand es teilweise sogar abstoßend. Das ist das Schlimmste, was einem passieren kann. Darum gehe sofort in die Veränderungen für ein schöneres Leben. Wir müssen erfüllt sein von dem, was wir tun. Es darf nie mehr das Gefühl aufkommen, dass uns etwas fehlt. Denn Manko macht traurig und zieht automatisch noch mehr Manko an. Es ist wie ein Teufelskreis, dem wir ausgesetzt sind. Darum lege ich dir nah, breche aus und gehe sofort in die Freiheit. Verlasse die dunkle Box, außerhalb ist es tausendmal schöner.

Du musst nicht länger mehr mit deinen Gewohnheiten leben. Aber bitte bedenke dabei, du wirst sie nicht alle auf einen Schlag lösen können. Das geht Stück für Stück vonstatten und es braucht Geduld. Denn vergesse eines nicht, bis es soweit war, hat es auch lange gedauert. Nichts geschieht nur so, wenn du es verändern willst. Es ist komisch, bis du es in dir hast, das geht schnell. Das kennst du bestimmt auch, neue Gewohnheiten haben wir uns rasch angeeignet. Sie dann aber wieder los zu werden, ist teilweise ein heftiger Prozess. Deswegen ist es wichtig, dass du für die Zukunft darauf achtest, was da mit dir passiert und wieso. Nicht dass du wieder neue Programme in dir hast, die mehr schaden, als guttun. Reduziere es nun bitte auf die drei stärksten Faktoren.

Meine Gewohnheiten?	**Warum?**	**Seit wann?**
1.) ______________________	________________...	__________
2.) ______________________	________________...	__________
3.) ______________________	________________...	__________

Nun hast du die drei stärksten Faktoren herausgefunden. Wie fühlt es sich für dich an? Das sind die zwei Welten, in denen wir uns da bewegen können. Entweder supergut und cool oder das Gegenteil davon. Wichtig ist, dass du da exakt hinschaust, wie noch nie zuvor in deinem Leben. Denn du weißt doch selbst, wir tendieren dazu, wegzusehen. Wir spüren manches, aber wahrhaben wollen, nein das möchten wir irgendwie nicht. Wozu denn auch, denn es könnte ja schmerzhaft werden. Wieso sich freiwillig Schmerz zufügen, das macht kein vernünftiger Mensch. Wir alle sind ausschließlich auf Spaß programmiert. Das versuchen wir irgendwie mit allen Mitteln zu haben.

Den Preis, welchen wir für den vorgezogenen Spaß zu bezahlen haben, ist riesig und steht oft in keiner Relation zu dem, was es bringt. Deswegen ist es besser, wir entsagen uns dem sofortigen Spaß und konzentrieren uns auf das, was wir echt brauchen. Was uns aufbaut, dann wird der Spaß kommen und langfristig bleiben. Denn was nützt das ewig schnelle Freude haben und hinterher einen hohen Preis zu bezahlen. Das muss man aber zuerst verstehen. Denn gelernt haben wir es von unseren Vorbildern anders. Der Drang zu Spaß und Aktion ist zu sehr implementiert. Darum sei stets wachsam bei allem, was du tust. Reduziere es bitte auf deinen stärksten Faktor.

Meine Gewohnheit? **Warum?** **Seit wann?**

1.) ________________________ ____________________...___________

Schon wieder bist du dir näher gekommen, du glaubst gar nicht, wie wichtig das ist. Nur wenn du es schaffst, dir nahe zu sein, hast du gewonnen. Wenn du es nicht tust, entfernst du dich automatisch von dir. Je weiter weg du gehst, desto länger dauert es wieder zurückzukehren. Also passe gut auf dich auf und schon bist du im Flow.

Dein Fazit: ____

Du brauchst Mut

Mut neue Wege zu gehen und die alten ausgetretenen Pfade zu verlassen. Denn die Angst aus der Höhle zu klettern, in eine doch sehr feindliche Welt, ist noch ein Urrelikt aus unseren grauen Vorzeiten, als die lieben Vorfahren genauso gelebt hatten. Die Höhle hat einen sehr guten Schutz geboten. Denn draußen warteten andere Stämme, die immer wieder versucht haben, Gefangene zu nehmen und die Männer zu töten. Da waren auch jede Menge wilde Tiere unterwegs, unter anderem der berühmte Säbelzahntiger. Es war alles andere als schön und die Waffen sich dagegen wehren zu können, waren nicht geeignet. Also verließ man die Höhle nur, wenn es unbedingt sein musste, und das war zur Nahrungsbeschaffung.

Die Mutigen wurden schon immer belohnt

Wenn du die Geschichte verfolgst, waren es stets die Mutigen, die teilweise reichlich belohnt wurden. Das hat sich bis zum heutigen Tage bewahrheitet. Du wirst nur belohnt, wenn du mutig bist und manches anders machst, wie bisher. Es gibt hierzu die wundervolle Aussage

„Wer immer nur das tut, was er bisher getan hat, wird auch immer nur die gleichen Ergebnisse erzielen!"

Das kannst du drehen und wenden, wie du willst. Du bekommst das, was du verursacht hast. Nichts anderes und wenn man das weiß, ist es relativ ein Leichtes darauf Rücksicht zu nehmen, gezielt die für einem passenden Ursachen zu setzen. Denn das eiserne Gesetz von

„Ursache und Wirkung!"

Das ist aktueller denn je, du wirst immer die Wirkung haben, von dem was du vorher eingeleitet hast.

Kleine Kinder sind in der Regel mutiger

Sie kennen keine Furcht. Ihre Welt ist eine Spielwiese und die leben sie hundertprozentig aus. Was wolltest du damals nicht alles sein und werden? Jeden Tag hattest du zig neue Ideen, von denen du geträumt hast. Es gab für dich keine Grenzen, die wurden dir erst später eingepflanzt. Es ist für mich immer wieder erstaunlich, mit welchem Elan Erwachsene mit der Manipulation arbeiten. Sie versuchen den Kleinen, das Leben beizubringen. Dabei haben sie oft selbst keine Ahnung und sind weit davon entfernt. Also achte bitte darauf, dass du die kleinen Geschöpfe nicht negativ manipulierst. Das wäre mehr als unfair, es reicht ja bereits was die Eltern und die Schule teilweise fabriziert.

Ohne Mut ist das Überleben auf einem hohen Level sehr schwer

Natürlich wirst du überleben, Frage ist wie und auf welchem Level? Je geringer dein Selbstbewusstsein ist, desto weiter weg bist du vom selbst bestimmten Leben. Wenn du das nicht hast und erreichen kannst, wirst du zum Spielball der anderen Menschen. So ist es und wird auch so bleiben. Du solltest es anstreben, immer an die Spitze zu wollen. Denn um dorthin zu gelangen, ist die Herausforderung wesentlich größer. Mache dich heute noch auf den Weg und sei dankbar.

Mut ist nicht die Stärke der Masse

Gehörst du zur Masse, oder bist du ein absolutes Individuum und eine starke Persönlichkeit? Das ist wichtig, denn da bist du ganz nahe bei dir. Je näher du dir selbst bist, desto authentischer kannst du leben. Andere Menschen bewundern dich dafür und werden dir folgen. Vielleicht fragst du dich nun, wieso Stärke so wichtig ist? Weil es das Einzige ist, was Erfüllung bringt. Natürlich kannst und darfst du zwischendurch mal schwach sein und dich ausruhen. Es darf aber bitte nicht zu deinem großen Lebensprogramm werden. Stärke entsteht durch Training, darüber Näheres in einem der nächsten Kapitel.

Es wäre schon schön

Kennst du diese Aussage, bestimmt denn die meisten, sind genau in dieser Art unterwegs. Immer mit den Worten im Mund, dass es schon schön wäre. Wenn man nachfragt, wieso sie es nicht tun, kommt zügig das Wort „Aber." Sie haben sofort jede Menge Alibigeschichten und da wo diese nicht ausreichen, werden noch die Opferstorys herbeizitiert. So gewappnet hat man alles, um ja nicht zu müssen und sich hinter der Aussage, dass es schön wäre auszuruhen. Diese Lebensform darfst du nie wieder zu deinem Lebensmotto machen. Verabschiede dich davon und lebe endlich das Leben eines Meisters und nicht eines Wurmes. Vielleicht findest du den Vergleich nicht witzig. Es ist aber so und wenn du genau hinschaust, erkennst du es auch.

Schreibe jetzt bitte auf, wo du schon mal mutig warst

Mit dieser Übung gehen wir in das alte Gefühl hinein, damit wir es wieder erleben dürfen, wie wundervoll es damals war. Leider sind das in der Regel nicht viele Sequenzen in unserem Leben gewesen. Die anderen Formen überwiegen wesentlich stärker. Man hat uns teilweise gelehrt, dass es nicht gut ist, wenn man über seine Grenzen hinausgeht, und dass Bescheidenheit eine großartige Tugend ist. Das ist solch ein Schwachsinn, den nur Menschen behaupten, die keine Ahnung vom Leben haben. Es sind Leute, die sich auf der untersten Stufe der Entwicklung befinden. Ich weiß, sehr starke Worte und du kannst es jetzt als Frechheit abtun, oder es dir zu Herzen nehmen. Es kann und darf aber nicht sein, dass wir mit nur einem Bruchteil aller Möglichkeiten unterwegs sind. Schreibe nachfolgend auf, wo du mutig warst und wieso? Dann wann das letztlich war, denn es ist wichtig, dass du dich damit wieder verbinden kannst.

Ich war mutig?	**Warum?**	**Wann?**
1.) ____________________	________________	________

2.) ____________________ ________________ ________

3.) ____________________ ________________ ________

4.) ____________________ ________________ ________

5.) ____________________ ________________ ________

6.) ____________________ ________________ ________

7.) ____________________ ________________ ________

8.) ____________________ ________________ ________

9.) ____________________ ________________ ________

10. ____________________ ________________ ________

Ist dir etwas bewusst geworden, du bist doch schon mutig in deinem Leben unterwegs. Ist das nicht ein wundervoller Traum, du bist unendlich stark und hast alles in dir. Wichtig ist, dass du endlich anfängst, dich hundertprozentig zu leben. Nicht ein wenig, sondern mit Bravour, einem wundervollen Strahlen in deinem Herzen und in deinen Augen. Du bist doch dein ein und alles, und wenn du dich verlierst, das wäre schade. Folglich mache dich bitte weiterhin auf den Weg. Knüpfe an alte Tage an, das kannst du und dies, ohne zu jammern. Wie oft sagen wir, dass es früher besser war. Das ist eine Lüge, die man sich selbst auftischt. Das musst du dir endgültig schenken.

Früher war es nicht besser, es war anders und wir verdrängen es leider. Du bist so stark und auch mutig, es ist dir aber abhanden gekommen. Jetzt kannst du hingehen und sofort in die Opposition gehen. Mir versuchen wollen zu erklären, dass bei dir alles anders ist. Das ist jedoch ein völliger Schwachsinn und ich glaube es dir so wieso nicht. Wieso denn auch, das Einzige, was du damit erreichst, ist die Zerstörung von kostbarer Lebenszeit. Also schenke dir das bitte unbedingt. Du bist für dich verantwortlich und sonst niemand anderes. Du musst dich leben, sonst gehst du unter und dann hast du für alle ewigen Zeiten verloren. Genau das möchten wir jedoch nicht mehr. Jetzt reduziere es bitte auf die drei wichtigsten Punkte.

Ich war mutig?	**Warum?**	**Wann?**
1.) ____________________	________________	________
2.) ____________________	________________	________
3.) ____________________	________________	________

Wie geht es dir damit, was verändert sich gerade in dir, wo du deine Aufgabe gemacht hast? Ist es nicht klasse, so unterwegs zu sein? Ich finde es immer wieder faszinierend und aufbauend. Du bist der mutigste Mensch auf dieser Erde, den es überhaupt gibt. Klar wirst du nun womöglich dagegenhalten. Dass andere da wesentlich stärker sind und weitere nette Geschichten. Das kommt nicht gut, denn mit solch einem Verhalten, schwächst du dich unnötig. Daher passe sehr gut auf dich auf, dass du nie mehr in diese Falle reinläufst. Es geht schnell, so schnell kann man gar nicht schauen. Dann braucht es wieder ewig, bis man es rafft und aus der Box rauskommt. Nachfolgend Reduktion auf einen einzigen Punkt.

Ich war mutig?	**Warum?**	**Wann?**
1.) ____________________	________________	________

Erneut stehen wir im berühmten Finale und das bereitet große Freude. Du solltest es übrigens feiern, dass du so super unterwegs bist. Trinke abends ein Gläschen Sekt oder tue sonst etwas Nettes. Es ist wichtig, dass wir uns permanent besinnen und in medias res gehen. In die Ruhe und Freude, für all das, was wir da Schönes und Großartiges getan haben. Nur wenn wir uns auch regelmäßig belohnen, gewinnen wir die Kraft für den oft sehr starken Alltag, der manchmal mehr als überbordend ist.

Dein Fazit: ____

Stärke entsteht durch Training

Eines ist komisch, Sportler wissen das genau und halten sich deswegen an all die vielen Trainingseinheiten, welche erforderlich sind, um zum Ziel zu gelangen. Otto Normalbürger ist da oft der Meinung, dass die Dinge von allein zu funktionieren haben. Das kann nicht sein, denn sonst wäre ja jeder Sportler ein Idiot, den Aufwand für ein wenig Gold, Silber oder vielleicht noch Bronze zu betreiben. Training, Training und nochmals Training schafft die Basis, für eine neue und edle Dimension in unserem Leben. Wer nicht trainiert, wird keinen Erfolg haben.

Sei nicht zu faul zu trainieren

Ich weiß, man hätte gerne so vieles und am liebsten sollte das von allein funktionieren. So ist es aber nicht, dazu braucht es wesentlich mehr. Wie sagt der Volksmund treffend

„Ohne Fleiß keinen Preis!"

Ich finde diese Aussage sensationell, beinhaltet sie doch definitiv alles und zeigt uns auf, wohin die Reise zu gehen hat. Du musst permanent fleißig sein. Ohne vernünftige und kluge Vorbereitung keine Chance. Wie viel Frust und Leid lässt sich durch eine vernünftige Vorbereitung vermeiden.

Es gibt keine Geschenke auf dem Weg zum Erfolg

Wieso und für was solltest du ein Geschenk bekommen? Das gibt keinen Sinn und sollte es tatsächlich mal passieren, ist es reiner Zufall, aber nicht Normalität. Also achte darauf, wenn du etwas ändern möchtest, dass du es entsprechend angehst. Sonst verlierst du bereits im Vorfeld, und das ist doof. Zu den Verlierern zu gehören, macht wahrlich keinen Spaß. Also werfe diese Gedanken sofort über Bord und beschäftige dich bitte mit erfolgsbringenden Gedanken. Nur diese können dich voranbringen und dir die Früchte liefern, von denen du schon lange träumst.

Hast du einen eigenen Trainingsplan

Wenn ich das die Leute frage, schauen mich die meisten entgeistert an, als ob ich von einem anderen Planeten komme. Du brauchst einen Trainingsplan, damit du zu jederzeit weißt, was erforderlich ist und was nicht. Nur dann schaffst du dir viel Dynamik und damit eine wesentlich höhere Reputation. Mit jeder Trainingseinheit wirst du stärker. Damit hast du zugleich mehr Mut aus deiner Box heraus zu kommen. Das geht soweit, dass du nie mehr dorthin zurück möchtest. Denn du magst das unendlich triste Leben nicht mehr. Bis es aber soweit ist, musst du dranbleiben und mit Vollgas alles tun, was zum Ziel führt.

Anspannung und Entspannung sind eine Familie

Hier höre ich häufig, dass es doch mal gut sein muss. Eine Pause einlegen und wenn man die ganze Woche arbeitet, könnte man nicht auch noch lernen. Das ist ein großer Schwachsinn, dies zu behaupten. Das kann man definitiv nicht stehen lassen, ist ein Ding der Unmöglichkeit. Es ist wie immer im Leben, alles nur eine Frage der Einteilung. Es geht um Anspannung und dann sind wir voll und ganz dabei. Auf der anderen Seite haben wir die Entspannung, die wir uns absolut bewusst geben müssen. Es ist alles geplant und wir überlassen die Entspannung niemals dem Zufall, dies ist definitiv der schlechteste Ratgeber, den wir uns überhaupt aussuchen können. Schauen wir uns die Entspannung an und danach sind wir gleich schlauer.

- Spazieren
- Singen
- Tanzen
- Malen
- Gespräche

- Musik
- Wellness
- Wasser
- Sport

Das sind nur einige der Möglichkeiten, welche es gibt. Natürlich ist die Palette noch wesentlich länger und du kannst sie um deine Ideen erweitern. Mir ging es hier in erster Linie darum, dir einen Überblick zu verschaffen, damit du sehen kannst, um was es genau geht. Im nächsten Kapitel beschäftigen wir uns dann mit dem Thema „Training, welches ist das Richtige für mich!“ Schauen wir uns jetzt die einzelnen Positionen an und was diese bedeuten.

Spazieren

Es ist eine wunderbare Form, um runter zu kommen. Früher bin ich relativ wenig gelaufen, da kam Gisela Nehrbaß eines Tages mit einem Schrittzähler. Ich habe es zuerst milde belächelt und mir gedacht, wow, die Idee ist ja super. Seitdem ich einen habe, ist es für mich eine Freude mindestens jeden Tag meine 10.000 Schritte zu machen. Du glaubst gar nicht, wie gut das tut und deswegen habe ich es mir angewöhnt, öfters eine Pause einzulegen und ab ins Freie. Ich erledige sehr vieles während dem Spazieren. Telefonate, manchmal lesen, mich weiterbilden mit Hörbüchern, Atemübungen, Affirmationen und auch Besprechungen. Das hat eine andere Schwingung, wie nur im Büro zu sitzen. Begib dich auf den Weg und deine Welt wird sich auf wundervolle Art und Weise zum Positiven für dich wenden. Deine Herz- und Pulsfrequenz wird weniger und du fühlst dich rundherum super wohl.

Singen

Das ist eine wunderschöne Form zu vergessen und wie es treffend heißt, den Schalter umzukippen. Denn beim Singen bist du wirklich in den Songs und je mehr du da eintauchen kannst, desto stärker sind Gefühle damit verbunden. Jeder Mensch kann singen, man hat uns aber versucht in der Schule beizubringen, dass wir nicht singen können. Was für ein hausgemachter Blödsinn, darum lasse dich nicht davon irritieren. Gehe deinen Weg und du findest dich darin. Es ist das, was du brauchst, dir super guttut, dich aufbaut und buchstäblich trägt.

Tanzen

Sich völlig im Tanzen zu vergessen, finde ich wundervoll, was da geschieht. Nutze für dich diese wundschöne Form im Tanzen aufzugehen. Es entspannt auf faszinierende Art und Weise. Es ist erforderlich, dass wir uns häufiger aus dem Alltag rausnehmen und damit in die absolute Freiheit gehen. Totale Entspannung und ein Glücksgefühl durchströmen einem. Wir brauchen als Mensch die Bewegung und wenn wir Kinder, hier vor allem die kleineren anschauen, ist tanzen zur Musik völlig normal. Es ist im Blut drin, erst später hat man uns womöglich ausgelacht und den einen oder anderen dummen Spruch sich anhören dürfen. Damit ist eine Entfernung zu unserem natürlichen Bewegungsdrang zur Musik entstanden. Hole ihn dir wieder zurück und genieße es.

Malen

Du und deine Leinwand, ihr seid eins. Der erste Pinselstrich, dann noch einer und noch einer, dadurch entsteht im Laufe der Zeit ein traumhaftes Gemälde. Gib dir die Chance und lebe dein Leben im Hier und Jetzt. Warte nicht damit bis irgendwann, sondern greife zum Pinsel und verwirkliche dich. Kleine Kinder malen für ihr Leben gerne und entspannen dabei.

Gespräche

Schöne Gespräche mit wundervollen Menschen tun dir sehr gut und bauen dich auf. In diesen Gesprächen können wir uns komplett entspannen. Es müssen aber positive und vor allem lebensbejahende Gespräche sein. Sonst haut das nicht hin, denn in der negativen Form stresst es uns unnötig und führt genau ins Gegenteil.

Musik
Bewusst Musik hören und dabei in die totale Ruhe zu gehen, ist die absolute Krönung. Das tut unendlich gut und man kann völlig in der Musik entschwinden. Jedes Volk hat seine Musik und lebt diese. Nur Otto Normalbürger hat sich oft davon entfernt. Es geht hier klar um die Eigenentwicklung und in der Musik findet die Seele ihren Ausdruck.

Wellness
Für mich ist Wellness die Krönung, ein wundervoller Traum mich dem hinzugeben. Super Verwöhnbehandlungen von Kopf bis Fuß, Sauna, Schwimmen, Jacuzzi, Sonnen und vieles mehr. Das ist für mich die coolste Entspannung, welche es gibt. Wir brauchen das regelmäßig, dass wir uns rausnehmen und in die totale Entspannung gehen, um daraus unendliche Kraft zu schöpfen.

Wasser
Am Wasser zu sein und im Wasser ist für mich das Größte. Wenn es irgendwo machbar ist, gehe ich immer ans oder ins Wasser. Das ist für mich Entspannung pur und darum liebe ich jegliche Form von Flüssen, Seen und natürlich auch die Weltmeere. Da komme ich sofort runter, Wasser hat eine sehr beruhigende und ausgleichende Wirkung auf das vegetative Nervensystem.

Sport
Viele sagen, dass Sport absolut erholsam und ausgleichend ist. Ich habe es für mich ein wenig verloren. Früher war ich jeden Tag am Joggen und das war sensationell und großartig. Das habe ich aus den Augen verloren, nun denn, für mich ist es nicht tragisch. Ich vermisse nichts, und solange man nichts vermisst, passt es doch.

Wie du gesehen hast, gibt es viele Wege sich zu finden und in die Entspannung zu gelangen. Wichtig ist nur, dass du etwas machst, wo du dabei absolut Zeit und Raum vergisst. Dann hast du gewonnen, liegst du vollkommen richtig. Sonst dreht sich bei dir alles im Kreis und anstatt besser wird es nur schlimmer. Das ist alles andere als gut und aufbauend. Finde es für dich heraus und dann lebe dich in der absoluten Vollkommenheit.

Was machst du für deinen Ausgleich

Halte alles fest, was du dazu beiträgst, dass du dich im absoluten Ausgleich aufhältst? Was beseelt dich? Wir machen oft etwas, ohne groß darüber nachzudenken. Nehmen vieles als gegeben hin, obwohl dem nicht so ist. Erst wenn wir genau hinschauen, schaffen wir es, uns in wesentlich höhere und gigantischere Dimensionen hoch zu schwingen, sonst bleibt alles, wie es war. Wie viel schöner ist es da, im vollen Bewusstsein alles zu tun. Schreibe jetzt auf, was du für deinen Ausgleich tust. Wieso und seit wann?

Mein Ausgleich?	Wieso?	Seit wann?
1.) ______	______	______
2.) ______	______	______
3.) ______	______	______
4.) ______	______	______
5.) ______	______	______
6.) ______	______	______
7.) ______	______	______
8.) ______	______	______
9.) ______	______	______

10. ______________________ _______________ __________

Hast du dich wieder entdeckt, geht es dir gut damit? Ich wünsche es dir sehr, denn nur dann geht es dir richtig gut. Der Weg sich immer wieder aufs Neue zu erkunden, ist ein Traum und birgt neue Aspekte in sich. Potentiale, die dich in eine wesentlich höhere Dimension weiterführen. Was ist im Wort Entwicklung enthalten, es ist buchstäblich das Ende der Verwicklung. Du entwickelst dich daraus, anders ausgedrückt, du entpuppst dich und aus einer relativ hässlichen Larve wird ein großartiger Schmetterling. Das ist das Hauptthema, um was es letztlich in unserem Leben geht. Raus aus der alten Welt, rein in die neue Dimension. Ich liebe es mich jeden Tag in die Entwicklung zu stürzen. Nun reduziere es auf deine drei stärksten Punkte.

Mein Ausgleich?	**Wieso?**	**Seit wann?**
1.) ______________________	_______________	__________
2.) ______________________	_______________	__________
3.) ______________________	_______________	__________

Bei solchen Aufgaben wird mir bewusst, wie viel ich noch an mir arbeiten darf. Es ist eine lebenslange Aufgabe, die nie mehr enden wird, solange wir leben. Nehmen wir unser Leben auf der einen Seite mit einer großen Leichtigkeit. Auf der anderen Seite ist es wichtig, dass wir das Leben auch mit der nötigen Ernsthaftigkeit angehen. Denn das Leben vergeht rasend schnell. Es kommt der Tag, an dem es vorbei ist, das trifft jeden von uns. Die Frage ist aber in erster Linie, was haben wir in dieser Zeit getan? Alle Register gezogen, die nur irgendwie möglich waren? Oder haben wir nur vor uns hin und stets in der Hoffnung gelebt, ob unser Leben tatsächlich besser wird oder ob alles so bleibt wie bisher. Ich bin mir sicher, du kennst diese Situationen auch und vor allem Menschen, die genauso unterwegs sind. Das ist nicht optimal und vor allem das Gegenteil von erbauend. Darum solltest du dir das schenken. Denn mit der Art machst du dir das Leben teilweise zur Hölle und das kannst du nicht gebrauchen.

„Hölle ist immer Höhle!“

Sei dir dessen bewusst, wer in der Hölle lebt, sich sein Leben so gestaltet hat, dass er weder vorwärts noch rückwärts kann, ist in der Box gefangen und genau da gehörst du nie mehr hin. Sage dir das bitte permanent und arbeite daran, dass du endlich und für immer da rauskommst. Reduziere jetzt das Ganze auf deinen stärksten Faktor, den du in deinem Leben hast. Womit schaffst du dir den größten Ausgleich und was gibt es dir?

Mein Ausgleich?	**Wieso?**	**Seit wann?**
1.) ______________________	_______________	___________

Super, dass du die Fragen wieder beantwortet hast. Sei an dieser Stelle stolz auf dich, für alles was du getan hast. Es sind die wichtigsten Momente in deinem Leben, wenn du anfängst, dich immer mehr zu erkennen und dann zu leben. Denke daran, das Leben ist stets das, was du daraus machst. Solltest du in irgendeiner Form unzufrieden und sogar unglücklich sein, nur du kannst es ändern. Nur du allein und das solltest du auch tun. Immer im Hier und Jetzt, dann geht es dir sehr gut.

Dein Fazit: ____

Training, welches ist das Richtige für mich

Ohne Training wirst du keine Chance haben, aus dem Dilemma raus zu kommen. Wenn du ernsthaft aus der Box rauskommen möchtest, ist es wichtig, dir ein paar Gedanken zu machen. Nicht in den Tag hineinleben und denken, na ja irgendwie geht es schon. Dies machen viele Menschen und sind erstaunt, wenn die Ergebnisse in der Regel noch schlimmer werden als vorher. Ohne Training wirst du da bleiben, wo du bist und dich sogar zurück entwickeln.

Training, Training und nochmals Training

Hier schauen mich viele ungläubig an und wissen gar nicht, wo sie loslegen sollen. Dabei ist die neue Welt so nahe, es braucht nur ein wenig dazu und deine Welt verändert sich auf wundervolle und großartige Weise. Du musst aber dazu bereit sein und dich dem Training verschreiben. Dadurch schaffst du es wirklich ernsthaft voranzukommen. Ich freue mich sehr für dich und deine neue Zukunft, welche du vor dir hast. Hier eine Auflistung einiger Trainingsvarianten:

- Vorträge
- Seminare
- Coaching
- Messen
- Kongresse
- Bücher
- Hörbücher

Die Aufzählung kann ohne Weiteres ergänzt werden. Es ist nur ein Einblick in eine für dich womöglich neue Welt. Nichts ist so sehr in Veränderung, wie das Leben selbst und je schneller du das für dich begreifst, desto besser geht es dir und damit auch deinem Umfeld. Du bist für dich verantwortlich und solltest definitiv alle Register ziehen, damit du vorankommst. Sehe stets die Ganzheit, denn nur diese hilft dir voranzukommen. Du bist in jeder Hinsicht das Leben, du darfst und sollst dein Leben leben, es in alle Richtungen genießen und glücklich werden.

Vorträge

Besuche so viele Vorträge, wie du nur kannst, denn wenn es die für dich passenden sind, bekommst du unendliches Wissen geschenkt, welches deine Welt verändert. Das ist doch super, du hast alles in dir vereint, musst nur bereit sein, den Weg zu nehmen und aus deiner Höhle heraustreten. Das erlebe ich häufig, dass viele buchstäblich ihren Hintern nicht hochbekommen, so ein Schwachsinn, das ist fatal. Denn wir können einfach nie genug wissen und damit es auch mit unserem Können verbinden.

Seminare

Das ist die nächste Stufe, da kannst du bei einem sehr guten Seminar noch viel mehr vertiefen und mitnehmen. Für mich sind Seminare die Krönung, nicht nur weil ich selbst fortlaufend Seminare halte, sondern auch viele besuche. Es ist faszinierend, was da alles passiert. Wenn man sich voll rein begibt, tun sich wundervolle Welten auf. Es bringt dich förmlich auf die nächsthöhere Stufe und das solltest du für dich wahrnehmen. Mein Motto ist

„Seminare, Seminare von der Wiege bis zur Bahre!"

Das ist die absolute Krönung, um Gigantisches zu bewegen. Jedes Mal, wenn ich von einem Seminar zurückkomme, hat sich wieder Immenses verändert. Wir können nie genug wissen und je mehr wir wissen, desto mehr wissen wir, dass wir eigentlich noch gar nicht viel wissen.

Coaching
Das ist eine riesige Stufe darüber. Mit einem persönlichen Erfolgscoach kommst du in deinem Leben wesentlich schneller voran. Denn deine Lebenszeit ist zu kostbar, um immer im selben Sumpf zu verweilen und auf bessere Zeiten zu hoffen. Das tut definitiv nicht gut und darum sollte man sich davon verabschieden. Lebe dich über deinen Coach aus und lasse dir zu Spitzenleistungen helfen. Näheres darüber im Kapitel „Dein Erfolgscoach!"

Messen
Ich liebe es auf Messen zu gehen und zu dort zu sehen, was es Neues gibt und was für mich gut oder sogar sehr gut ist. Die meisten Messen werden von vielen Vorträgen begleitet. Dieser Mehrwert hat einen super Effekt. Dann findet man dort auch internationales Publikum vor, was sehr bereichernd ist. Das ist ein besonderes Flair, welches hier zum Tragen kommt.

Kongresse
Da geht es in jeder Form um geballtes Wissen und du kannst das alles mitnehmen. Es ist wie bei den Messen, du musst bereit sein, den Weg gehen zu wollen. Wenn du dich nur im Kreise drehst, verändert sich nichts.

Bücher
Ich bin nicht nur ein begeisterter Bücherautor, ich lese auch viel und es tut mir gut dadurch meinen Horizont, um ein Vielfaches zu erweitern. Bücher öffnen sehr stark deinen Horizont und geben unendliche Energie zurück. Das solltest du für dich nutzen. Hole dir auch immer einige Bücher auf Vorrat, dadurch kommst du nie in die Verlegenheit, mal nichts zu lesen zu haben.

Hörbücher
Sind für mich eine elegante Form, mich nebenbei weiter zu bilden. Buchstäblich im Vorbeigehen und es ist für mich absolut ohne

Kraftanstrengung möglich. Es kostet mich auch keine Zeit, denn ich bin ja eh anderweitig beschäftigt. Nutze auch du ab sofort eine eigene Hörbuchbibliothek, um dein Wissen fast rund um die Uhr zu erweitern.

Es gibt das Training zu Hause und auch in der Gruppe

Ich liebe beide zwei Themen, einmal für mich allein in die Fort- und Weiterentwicklung zu gehen. Dann finde ich es auch klasse, unterwegs zu sein. Allein der Austausch untereinander ist sensationell und tut unendlich gut. Zu hören und sehen, was die anderen Teilnehmer alles entwickelt haben, ist klasse. Mich mit den Referenten auszutauschen, da erhält man neue Inputs.

Wie viel lernst du

Wenn ich das die Leute frage, schauen mich die meisten entgeistert an. Wie wenn ich von einem anderen Stern kommen würde. Es ist nach wie vor für die meisten nicht fassbar, dass nach der Schule vor der Schule ist. Denn was wir da alles lernen müssen, sind letztlich die Basics. Es hat aber in der Regel mit dem wahren Leben nichts zu tun. Denn die reellen Erfolgsnummern lernst du da nicht. Keine Chance, natürlich will ich die Lehrer an dieser Stelle nicht kritisieren. Diese machen teilweise einen harten Job, keine Frage. Aber das Schulsystem per se lässt mich hinterfragen, ob es nicht sinnvoller ist, nebst solch einigen unnötigen Fächern, erfolgreiche Menschen mit zu involvieren, die den Kids rüberbringen, was wirklich erfolgreiches Leben heißt. Wie das Leben im erfolgreichen Bereich funktioniert und wie man dies umsetzt.

Ich war auf einem Seminar

Das höre ich manchmal, dass man auf einem Seminar war und dann sieht es so aus, als müsste es für ein Leben lang reichen. Das ist ein Blödsinn, kein Sportler würde jemals so idiotisch trainieren, oder glaubst du das? Mal etwas machen, dann wieder Monate lang nichts und dennoch zum Wettkampf antreten. Er hätte keine

Chance und so ist das auch bei dir. Deshalb achte darauf, dass du täglich trainierst. Sonst hast du keine Chance, du gehst damit baden. Es ist kaum zu verstehen, wie viele Menschen dermaßen naiv unterwegs sind. Dabei glauben, dass es sich von selbst regelt. Gar nichts wird es und im Gegenteil, es wird alles nur schlimmer. Meinst du das ist gut? Ich kann es mir nicht vorstellen, es ist letztlich ein einziges Drama. Das sind genau die Menschen, die sich in der eigenen Box gefangen genommen haben und nicht mehr rauskommen. Das ist der reine Horror, welcher hier abläuft.

Weil es fast alle so machen

Da haben wir es wieder, es ist das berühmte Kollektiv, in dem wir uns da befinden. Wir glauben, wenn es alle machen, dass wir auf dem richtigen Pfad sind. Dabei war es nie die Masse, die Großes bewegt hat. Frage ist aber, zu welcher Gruppe zählst du dich? Es gibt nur 2 - 3% Macher und der Rest sind Mitläufer. Ich weiß, das wird nicht gerne gehört und etliche wehren sich dagegen. Doch schaue dir mal die Statistiken an, da wirst du sehen, wer sich wo bewegt. Du kannst entscheiden, in welche Richtung deine Reise gehen soll. Wenn du ernsthaft eine Veränderung in deinem Leben erreichen willst, ist es deine Pflicht, dass du dein Leben ab sofort in deine Hände nimmst. Dir eine klare Konzeption erarbeitest, mit Vehemenz und mit Bravour ans Werk gehst.

Erarbeite dir einen Jahresplan, was du alles umsetzt

Das ist ein wichtiger Schritt, dass du dir einen Jahresplan erarbeitest, wann und wo du welche Fortbildungen besuchst. Du solltest es nie mehr dem Zufall überlassen. Das ist definitiv nicht gut und würde dir schaden. Wie kann man so verrückt unterwegs sein und sich selbst Schaden zufügen? Das gibt doch keinen Sinn, denn das Leben ist zu wertvoll, um es vorbeiziehen zu lassen. Immer diesen Hang zur Naivität, zu tun, als ob alles in Ordnung ist. Stelle dich dem Leben, schaue den berühmten Tatsachen ins Auge und lege los. Ich weiß, ich wiederhole mich permanent. Das ist so dringlich, sonst wird es nicht richtig ernst genommen und dann haben wir wieder ein Problem. Es gibt hierzu den klasse Spruch

„Permanente Wiederholung schafft Wirklichkeit!"

Nur wenn wir es permanent wiederholen, kann es sich manifestieren und es wird zu einem Teil von uns. Ich nehme da gerne das Beispiel vom Auto fahren. Konntest du das von Anfang an? Also ich nicht, ich hatte Schwierigkeiten, alles richtig zu koordinieren. Als ich dann öfters gefahren bin, plötzlich ging es wie von selbst. Es war so, als hätte ich noch nie etwas anderes getan. Ich bin mir sicher, auch du kennst dieses Phänomen.

Welche Fortbildungen machst du

Da gehen wir gleich in medias res und wollen es wissen, überlassen nichts dem Zufall. Denn Zufälle sind das, was übrigbleibt und damit wollen wir nichts zu tun haben. Unser Leben ist anders aufgebaut. Mache dir bitte Gedanken und sage bei dieser Übung nicht, weiß ich doch noch nicht. Das habe ich schon häufig gehört, ist definitiv kindisch, mit dieser Art und Weise unterwegs zu sein. Natürlich weißt du es und solltest du es nicht wissen, bleibst du so lange dran, bis du es weißt. Dann geht es buchstäblich von allein. Schreibe jetzt bitte auf, welche Fortbildungen du besuchst, wieso gerade diese und wann du damit startest.

Meine Fortbildungen?	Wieso?	Wann?
1.) ____________________	________________	________
2.) ____________________	________________	________
3.) ____________________	________________	________
4.) ____________________	________________	________

5.) ______________________ ________________ ________

6.) ______________________ ________________ ________

7.) ______________________ ________________ ________

8.) ______________________ ________________ ________

9.) ______________________ ________________ ________

10. ______________________ ________________ ________

Wie ist es nun für dich, hast du deine zehn Punkte ausgefüllt? Oder stresst es dich, weil du nichts weißt? Das ist die große Frage und die noch weitaus größere, die sich uns stellt, wo findest du die für dich passenden Fort- und Weiterbildungen? Ideal ist, du überprüfst wer dir als Coach, Trainer und Co. sympathisch ist. Davon hängt es ab, wie schnell du unterwegs sein wirst. Wenn dir jemand unsympathisch ist, hast du von Beginn an eine Aversion dagegen und das kann nicht gut ausgehen. Darum achte darauf und ich würde stets folgende Parameter mit ins Feld führen

- Mindestens 20 Jahre auf dem Markt
- Vorträge halten
- Seminare halten
- Bücher geschrieben
- Eigene Mitarbeiter

Vielleicht fragst du dich im Moment, wieso all diese Dinge. Weil du nur zum Besten gehen sollst. Zu jemanden, der schon viel bewegt hat, einen Namen in der Branche hat und der dir durch all diese zu erfüllenden Parameter viel bieten kann. Denn es gibt etliche Leute auf dem Markt, die haben irgendwo etwas gelesen und gehört. Dadurch glauben sie, alles locker rüber bringen zu können. Sprechen von Erfolg und sind jedoch in der Regel ärmer als arm. Was für eine fatale Ausgangsbasis. Die gleichen Attribute gelten, auch wenn du dir einen Coach holst. Genau dasselbe muss gegeben sein, damit es passt und du in guten Händen bist.

Mindestens 20 Jahre auf dem Markt

Das hat eine andere Lebensqualität und positive Lebenserfahrung ist durch nichts zu ersetzen. Das kann man nicht in der Schule und der Uni lernen. Keine Chance und wer das erkannt hat, wird kritisch drauf schauen und die Dinge anders bewegen. Nur wer taff unterwegs ist, schafft super Ergebnisse. Darum achte unbedingt darauf, dass du dir die richtige Person holst oder dahin gehst.

Vorträge halten

Ein weiterer Faktor ist, dass jemand imstande ist, sich vorne hinzustellen und seine Gedanken zu koordinieren. Denn es ist nicht leicht, Menschen von der Bühne aus zu begeistern. Es gibt miserable Referenten, das ist immer wieder erschreckend. Am liebsten sind mir die, mit den voll geklatschten Powerpoint Folien und dann den Text noch ablesen. Unfassbar, wie man sich selbst und dem Publikum dies antun kann. Es ist eine Frechheit, genauso wie den gesamten Vortrag vom Manuskript abzulesen. Das kann nicht wahr sein, ist unglaublich. Was sind das nur für Menschen, genau wie diejenigen, welche sich in Selbstbeweihräucherung loben.

Seminare halten

Das ist der nächste dringliche Aspekt, dass Seminare abgehalten werden. Denn mal schnell einen Vortrag zu halten ist eine Geschichte. Die Leute jedoch auf einem Seminar bei der Stange zu halten, ist nochmals eine völlig andere Größenordnung. Da bin ich mir sicher, dass du auch genügend solcher Menschen kennst, die auf Seminaren unendlich langweilen. Suche dir an dieser Stelle die Besten aus.

Bücher geschrieben
Wer was zu sagen hat, schreibt immer Bücher. Da höre ich teilweise Storys, wieso jemand keine Bücher schreibt. Weil es bereits zu viele auf dem Markt gibt, er sein Wissen nicht preisgeben möchte und weiteren Schwachsinn. Die Wahrheit müsste aber lauten, weil man es nicht fertigbringt, sein Wissen und Können zu Papier zu bringen. Also jemand der keine Bücher geschrieben hat, da wäre ich vorsichtig. Denn Bücher geben dir die Chance, dich vom Wissen des Referenten vorab zu informieren.

Eigene Mitarbeiter
Auch das ist erstaunlich, da gibt es Menschen, die behaupten zu wissen, wie es um das Thema Mitarbeiter bestellt ist, und haben selbst keine. Auf die Frage warum nicht, kommen fadenscheinige Antworten wie „Ich mache es allein, es gibt keine guten Leute und weiteren Schwachsinn." Das ist solch ein Blödsinn, denn es gibt fast nur gute Mitarbeiter und wenig gute Chefs. Dies ist das Thema und die Ausgangsbasis.

Nun reduziere deine zehn Punkte auf deine drei Hauptfaktoren. Das gibt dir immense Kraft und Power. Dann solltest du auch sofort hingehen und dich anmelden. Denn es nützt nichts, wenn du eine Idee hast und es nicht umsetzt. Damit würdest du dich nur im Kreise drehen, das ist nicht Sinn der Sache. Wir wünschen uns nur erstklassige Ergebnisse und diese schaffen wir durch ein konsequentes Tun.

Meine Fortbildungen?	**Wieso?**	**Wann?**
1.) ____________________	______________	________
2.) ____________________	______________	________
3.) ____________________	______________	________

Wie fühlt es sich an? Ich denke diese Drei schaffst du und darum melde dich gleich dazu an. Ich höre dann häufig, was das kostet. Ich kann es mir nicht leisten und habe keine Zeit. Beides sind Lügen, wie kann man dies nur behaupten. Die Frage darf niemals lauten „Ich kann es mir nicht leisten!" Sie muss lauten „Was kann ich tun, damit ich es mir leisten kann?" Durch diese Denk- und Vorgehensweise kommt eine völlig andere Energie rein. Es verändert enorm viel und das ist der springende Punkt.

Die nächste Lüge, ich habe keine Zeit. Das ist der noch viel größere Schwachsinn, den man sich antun kann. Du hast wie alle Menschen jeden Tag 24 Stunden, die du exakt um Mitternacht geschenkt bekommst. Du musst dafür nichts tun, sie stehen dir Tag für Tag zur Verfügung. Du kannst entscheiden, was du daraus machst. Ob du eine Meisterleistung an den Tag legst und etwas Großartiges daraus kreierst oder ob du die Stunden versanden lässt. Darum passe gut auf dich auf und erzähle nie wieder solchen Schwachsinn, das hast du nicht nötig. Nun reduziere es auf deine Hauptfortbildung.

Meine Hauptfortbildung?	**Wieso?**	**Wann?**
1.) ______________________	________________	________

Ich bin begeistert, dass du die Aufgabe gut gemeistert hast. Schon wieder einen Schritt weiter in deine glorreiche und wundervolle Zukunft. Mit jeder neuen Entscheidung, die du für dich triffst in Richtung Erfolg und selbst bestimmtes Leben, entfernst du dich zusehends von deiner Höhle. Halte bitte an diesem Spirit fest und genieße deine Welt und die Erfolge.

Dein Fazit: ____

Früher, heute und morgen

Kennst du dieses Spiel, bestimmt? Als wir noch kleiner, respektive jünger waren, sagten wir immer, wenn ich mal groß bin. Wenn wir endlich groß sind, geht das Spiel los von wegen, früher war alles besser. Damit machen wir genau eines, wir machen das Heute kaputt. Wir zerstören es förmlich und sind erstaunt, wenn wir das Heute nicht gebacken bekommen und oft in großer Disharmonie leben. Das ist wahrlich nicht der Sinn unseres Lebens, dass wir uns so etwas antun. Wozu denn auch, wieso sich unnötig quälen? Die Ergebnisse die daraus entstehen, sind alles andere als angenehm und wirken kontraproduktiv.

Früher ist früher

Das sollten wir uns tief verankern. Früher wird auch immer früher bleiben, da geht definitiv kein Weg daran vorbei. Es ist vergangen und alles, was vergangen ist, ist vorbei. Daran können wir nichts ändern. Nehmen wir es zur Kenntnis, tief in uns auf und erfreuen uns des Lebens. Das Schlimmste, was einem dabei passieren kann, ist die Falle von

„Hätte ich doch damals nur....!"
„Wenn ich alles gewusst hätte, dann...!"

Hätte, täte, wäre und wenn, das sind die schlechtesten Ratgeber, welche wir uns aussuchen können. Höre mit diesem doofen Spiel auf. Du hast halt nicht und du hast es auch nicht gewusst. Ergo, was soll denn das? Vergiss es und komme zum inneren Frieden. Das wünsche ich dir von Herzen, denn wenn du im Früher hängen bleibst, was übrigens viele Menschen machen, gibt es für dich keine Gegenwart und noch viel weniger eine Zukunft.

Heute ist heute

Genau heute ist es, wo du lebst, noch lebst und wo du überhaupt eine Chance hast, irgendwelche Entscheidungen zu treffen. Es gibt für dich definitiv keine andere Lösung, das solltest du wissen und dich danach richten. Wie sagt der Volksmund treffend

**„Was du heute kannst besorgen,
verschiebe nicht auf morgen!"**

Du kennst es bestimmt und hältst du dich daran? Lebst du es oder gehörst du zu den Menschen, die lieber alles verschieben, und dabei in der Hoffnung leben, dass es noch werden möge? Wie naiv muss man da sein, um solche Gedanken zu hegen? Jeder Tag hat seine Zeitqualität und darum nutzen wir diese für unser Leben.

Morgen ist morgen

Der Morgen hat eine völlig neue Zeitqualität. So schnell können wir nicht schauen, wie er wieder da ist. Ich denke, das kennst du zur Genüge, wie schnell die Zeit vergeht und bevor wir uns richtig umgesehen haben, ist bereits übermorgen. Schlimm, nein nur, wenn wir nicht aufpassen, ist es schlimm und furchtbar. Das Erwachen kommt in der Regel erst später.

Unterschätze niemals den Zeitfaktor

Viele vergessen es, und glauben ein ewiges Leben zu haben. Dabei ist das Leben irgendwann zu Ende. Das ist eine feststehende Größenordnung, an der ist nicht zu rütteln. Es gibt Dinge, die können wir ändern und andere nicht. Wenn wir uns an diese Gesetzmäßigkeiten halten, geht es uns super. Wenn wir jedoch dagegen verstoßen, haben wir ein ernsthaftes Problem. Wir bezahlen für alles unsere Rechnung und diese ist meistens häufig sehr hoch.

Vielleicht findest du das jetzt ein wenig komisch

Es ist aber wichtig, dass du genau das für dich in Betracht ziehst und dich daranhältst. Lebe nie mehr in einer falschen Zeit. Das ist nicht gut für dich, im Gegenteil sogar fatal. Darum achte auf dich im Hier und Jetzt. Es gibt nur ein Leben, das ist immer gerade der Moment, in dem wir uns befinden. Es gibt kein nachher und kein vorher. Du kannst das drehen und wenden, wie du willst. Es liegt ausschließlich an dir allein, was aus deinem Leben wird. Du hast es in deiner Hand und kannst immer die entsprechende Entscheidung treffen.

Lege endlich deinen Perfektionismus ab

Du hast nur die eine Chance, ihn endlich abzulegen. Wenn du das nicht tust, wirst du darin umkommen. Genau das, was den meisten öfters passiert. Das Fatale daran, sie merken es noch nicht einmal, dass sie eines der stärksten Selbstsabotageprogramme fahren. Wie bescheuert ist diese Nummer? Es ist unfassbar, sich das anzutun. Wieso machen das die meisten, wie kann man nur so auf Selbstzerstörungskurs gehen?

Perfektionismus macht krank

Das sollte dir klar sein, wenn du das tust, schlägst du dich selbst in die berühmte Pfanne. Ohne diese schwere Krankheit würden die Menschen weitaus erfolgreicher sein und wesentlich mehr Spaß an ihrem Leben haben. Wir können jedoch wählen, und das finde ich spannend. Jeden Tag, jede Stunde, ja sogar jede Minute ist es möglich, für uns eine Änderung einzuleiten. Wenn wir das wollen und bereit sind, den Weg des Erfolges zu gehen. Wenn nicht, dann werden wir ewig in der Verdammnis Perfektionismus weilen und auch leiden.

In jedem Menschen steckt unendliches Potential

Wichtig ist, dass wir bereit sind, es anzugehen und nie mehr zu warten. Das ist überhaupt eine schlimme Krankheit, da wieder raus zu gelangen, die Warterei, dass sich die Dinge doch wandeln mögen. Sie werden es aber nicht tun, weder jetzt noch zu einem späteren Zeitpunkt. Es ist nach wie vor der Traum von den meisten zu glauben, dass Dinge von selbst geschehen werden. Sie tun es nicht, weder heute noch Morgen, noch sonst irgendwann. Ich vergleiche das gerne mit dem Beispiel des Landwirtes, der nur darauf wartet, was ihm die Natur schenkt. Gar nichts wird das sein, weniger als nichts. Denn der Boden gibt nur das her, was du vorher gesät hast. So ist es auch bei uns Menschen, es kann nur das rauskommen, was wir vorher hineingegeben haben. Wenn du Großes möchtest, musst du bereit sein, Großes zu tun.

Es gibt nur einen Moment, wo wir perfekt sind

Das ist der Augenblick, wo wir für immer die Augen schließen. Wenn wir tot sind, dann sind wir perfekt tot. Es gibt da auch keine Zwischenstufe. Keine Chance mehr, das Leben ist ausgehaucht und damit hat es sich für alle ewigen Zeiten. Also höre endlich mit diesem Idiotenspiel auf, zu glauben, dass dir noch etwas fehlt. Lass dir bitte eines gesagt sein, es wird immer etwas fehlen. Du wirst immer Mankos haben. Wichtig ist, dass du diese wahr nimmst, akzeptierst und damit lebst. Du hast wiederum zwei Möglichkeiten, du kannst es annehmen oder krampfhaft daran arbeiten, das Minus auszufüllen. Es wird dir aber nicht gelingen, weil dein Leben dazu nicht mehr ausreicht. Es ist zu kurz, so was von kurz und du versuchst hier das Unmögliche möglich zu machen. Wie soll denn so etwas gehen?

Es gibt so viele unerkannte Genies auf den Friedhöfen

Weißt du wieso unerkannt, weil sie alle zeitlebens vergessen haben, zu leben anzufangen. Ist das nicht tragisch und dramatisch, anstatt das Leben, welches man geschenkt bekommen hat zu leben, wartet man lieber auf irgendwelche Wunder, die eh nie eintreten werden. Dann ist man unendlich frustriert, all der Dinge, die hätten sein können und es dann doch nicht sind. Welch traurige Geschichte, und so heißt es für uns, wirklich darauf zu achten, nie mehr in diese schreckliche Falle zu laufen. Denn bevor du es in der Regel merkst, ist es bereits zu spät.

Halte bitte jetzt fest, wo du unter dieser Krankheit leidest

Wir wollen das nun genau anschauen und festhalten. Denn nur

wenn wir der Situation ins Auge schauen, haben wir die Chance der Veränderung. Sonst bleibt alles beim Alten und das ist definitiv nicht gut. Es ist wichtig, dass wir alte Gewohnheiten durchbrechen und dadurch, für eine großartige und wundervolle Zukunft frei werden. Das ist es, was wir dabei brauchen. Denn es hilft uns buchstäblich in die nächste Dimension einzusteigen und ein völlig freies und traumhaftes Leben zu leben. Verschiebe es bitte nicht auf irgendwann, was leider viele Menschen permanent tun. Nicht heute, nicht morgen, womöglich eben niemals. Schreibe nun auf, wo du unter dem Perfektionismus leidest. Wieso das so ist und seit wann? Denn eines ist klar, je länger du darunter leidest, desto stärker hat es sich manifestiert.

	Mein Perfektionismus?	Wieso?	Seit wann?
1.)	______________	______________	________
2.)	______________	______________	________
3.)	______________	______________	________
4.)	______________	______________	________
5.)	______________	______________	________
6.)	______________	______________	________
7.)	______________	______________	________
8.)	______________	______________	________
9.)	______________	______________	________
10.	______________	______________	________

Ist dir bei dieser Aufgabe etliches bewusst geworden, das wünsche ich mir für dich. Denn nur daraus kannst du für dich lernen, und das entsprechende Leben führen. Es müsste in der Schule ein Fach geben, wo man lernt, den Perfektionismus zu eliminieren. Stattdessen gibt es andere Fächer, die einen nicht weiterbringen. Dies aus meiner Sicht, denn alle Schweizer Pässe auswendig zu lernen, deren Höhe, Länge, Kurven und Flüsse, deren Fließgeschwindigkeit, na ja, gebracht hat es mir nichts. Es gehört aber zum Programm und deshalb wird es durchgezogen. Nun denn, jetzt sind wir erwachsen und damit groß und entscheidungsmächtig. Das gilt es für ein eigenes und vor allem selbstbestimmtes Leben zu nutzen. Reduziere nun bitte die zehn Punkte auf deine drei stärksten Faktoren.

Es ist wichtig, dass wir lernen, es immer auf das Wesentliche zu reduzieren. Der Mensch tendiert oft dazu, alles auf einmal anpacken zu wollen. Das haut nicht hin, denn wir können unmöglich an allen Fronten gleichzeitig angreifen. Keine Chance, das hat uns auch die Geschichte häufig gezeigt. Wer genau das tut, geht mit Pauken und Trompeten unter. So schnell kann man gar nicht schauen und dann hat man ein Problem. Darum ist es dringlich, aus der gesamten Palette immer etwas weiter abzubauen, bis nur noch minimal etwas da ist. Danach funktioniert es auf wundervolle Art und Weise.

Mein Perfektionismus?	**Wieso?**	**Seit wann?**
1.) ____________________	________________	_________
2.) ____________________	________________	_________
3.) ____________________	________________	_________

Als ich diese Übungen gemacht habe und teilweise immer noch

durchführe, merke ich jedes Mal, wie sehr wir doch in unserer eigenen Welt gefangen sind. Der Mensch ist erstaunt, wieso er nicht weiterkommt. Wieso etliches klemmt, obwohl er es sich anders wünscht. Keine Chance, solange die Grundprogramme derart divers laufen. Hier ist in erster Linie anzusetzen und eine Meisterleistung an den Tag zu legen, sonst bleibt alles, wie es war. Du kennst mit Sicherheit auch Menschen, die du schon lange nicht mehr gesehen hast, und wenn du sie wieder siehst, hast du das Gefühl, als wäre die Zeit stehen geblieben. Diese Menschen haben sich nicht verändert, sie kleiden sich noch so wie schon seit Jahren. Sie haben ihre alten Strickmuster, gehen der gleichen Arbeit nach.

Sie sind in ihrer Box stehen geblieben, und wenn man sie fragt, wohin ihre Reise gehen soll, sagen sie dir nur eines „Die paar Jahre werde ich noch so weiter machen und dann bin ich in Rente und genieße mein Leben!" Kennst du solche Sprüche auch? Bestimmt und weißt du wie man diese Sprüche nennt? Die „Harakiri-Nummer" das bedeutet das sichere Aus. Es sind die sogenannten Frühtoten, denn sie haben mit ihrem Leben bereits abgeschlossen, bevor es überhaupt losgeht. Wie kann man sich sein Leben so verkürzen und in einer solchen Form leben? Der Preis ist viel zu hoch, immer nach dem alten Schema weiter zu machen. Darum sei unendlich froh, dass du bereit bist, völlig neue Wege zu beschreiten. Jetzt reduziere es bitte auf deinen Hauptpunkt.

Mein Perfektionismus?	**Wieso?**	**Seit wann?**
1.) ____________________	________________	_________

Wie ist es jetzt, genau in diesem Moment erinnere ich mich an meinen, welchen ich vor über 38 Jahren hatte. Ich sagte damals permanent „Dies und jenes fehlt mir noch, um endlich loszulegen!" Ich habe dann öfters einen älteren Geschäftsmann gefragt, was er von meinen Ideen hält. Da ist er eines Tages fast ausgerastet und hat mich angeschrien, ich soll endlich die Klappe halten und anfangen. Sonst würde es nie mehr etwas mit mir werden. Diese ewigen Fragen von wegen, was er davon hält. Es ist letztlich nicht die Frage, was andere davon halten, sondern es ist nur eines wichtig, dass wir endlich anfangen. Nur daraus können wir viel Erfahrung sammeln und wiederum einiges ändern.

Learning by doing ist das wundervolle Thema. Nur das bringt uns auf der berühmten Erfolgsschiene weiter. Kein Lebewesen ist derart auf Zerstörungskurs, wie der Mensch. Wenn es nur irgendwie geht, in irgendeiner Form, lebt er genau das aus. Auch wenn er dabei kaputt gehen wird. Das interessiert ihn in keinster Art und Weise. Es wird alles, aber auch wirklich alles darangesetzt, damit es nicht weitergeht. Ich war damals echt sauer auf ihn, wie konnte er nur so mit mir umgehen?

Ich fand es frech, ab sofort kein Verständnis mehr für mich aufzubringen. Das war ein Ding der Unmöglichkeit, so geht man nicht mit Menschen um. Das war meine feste Überzeugung und so lebte ich in meinem Zorn und der Trauer. Mit dem Preis, dass noch weniger ging. Denn jetzt hatte ich das Gefühl, endgültig verloren zu sein. Dann habe ich mich langsam hochgerafft und angefangen mich zu leben. Stück für Stück und es wurde nach und nach besser. Heute habe ich es vollkommen im Griff.

Dein Fazit: ____

Du hast wie immer die Wahl

Dies muss dir bewusst sein, definitiv in dein Bewusstsein rücken, dass du wählen kannst, du kannst immer wählen. Etwas weiter zu tun oder eben etwas anderes. Der Einzige, der dich davon abhalten kann, bist du. Niemand anderes kann es für dich tun, ändern noch sonst etwas. Darum höre endlich auf dich zu beschweren, zu lamentieren, jammern und klagen. Du kennst doch genug solche Menschen, die das gerne tun? Natürlich kennst du diese Spezialisten, und was bringt es dir derart unterwegs zu sein? Es ist nur ein Zeichen von reiner Bankrotterklärung und das sich anzutun, da gehört ein riesiges Stück Dummheit dazu.

Wähle für dich das Beste oder das Schlechte bleibt

Du kannst frei wählen, nur das Beste für dich, oder sogar das Allerbeste. Es steht dir jederzeit frei und daran solltest du permanent denken, bei allem, was du tust. Ich habe für mich klar entschieden, nur das Allerbeste zu denken und auch von mir zu verlangen. Das mag am Anfang etwas komisch anmuten, im Laufe der Zeit gewöhnt man sich aber daran, und es wird zur Normalität. Das ist der Punkt, wo wir sehr stark sind und unendliche Kraft schöpfen können. Wir brauchen diese Kraft, um zu den Besten zu gehören. Es fängt wie immer klein an und baut sich permanent stärker auf. Eines Tages haben wir dann das Maximale erreicht und die nächste hohe Kunst beginnt, es auf dem Level zu halten.

Wer nicht wählt, bleibt, wo er ist und es wird noch schlimmer

Das sollte dir glasklar sein, die Dinge können nicht besser werden. Niemals und keine Chance, für niemanden. Das ist die berühmte Ausgangsbasis unseres Lebens, wir endlich begreifen, dass das Leben in alle Richtungen höchste Veränderung ist. Was jetzt gut ist, ist morgen bereits vorbei. Die Zeitqualität ändert sich so rasend schnell und je älter wir werden, desto mehr nimmt das Tempo zu. Einfach und förmlich unkompliziert stellt es sich dar. Nur wir Menschen tendieren leider dazu, es zu verkomplizieren, dass wir uns danach oft selbst nicht mehr auskennen. Das ist fatal, wenn wir in diese Falle laufen.

Prinzip Einfachheit ist gefragt

Bei allem, was du erlebst, bei allem, was ist, gehe immer in die berühmte Einfachheit. Je mehr du es machst, desto stärker gewöhnst du dich daran und du kannst danach gar nicht mehr anders. Was für ein schöner Moment, wenn du anfängst es zu verstehen, dann verstehen es auch deine Mitmenschen. Es wird für sie zur Selbstverständlichkeit. Dies ist der Königsweg auch im Umgang mit den Mitmenschen. Es geht hier nicht nur um die eigene Situation, sondern wichtig ist, dass es dein Umfeld versteht, begreift und es leben kann. Wenn du es nicht checkst, wie sollen es erst die anderen verstehen. Das finde ich auch besonders wichtig, im Umgang mit den eigenen Kindern. Diesen wird es schon von den verschiedensten Systemen mit viel Kompliziertheit beigebracht, dass manche Kinder förmlich daran zerbrechen.

Wähle das Leben und die Freude

Nichts als das sollst du für dich wählen und entsprechend leben. Wenn du es nicht tust, was natürlich dein gutes Recht ist, hast du das Gegenteil von Leben und Lebensfreude. Das ist in der Regel Kummer, Sorgen, Ängste, Panik, schlechte Lebensqualität und das Glück, von dem die meisten permanent träumen, rückt weiter in die Ferne. Das ist alles andere als gut und schön, aber du hast es ja so gewollt und gewählt. Wenn ich das den Menschen sage, behaupten fast alle, dass sie ja gerne würden, aber das Leben hat es nicht zugelassen. Dabei sind sie das Leben und nicht das Leben selbst. Folglich achte hier haargenau auf das, was du denkst und wie du die daraus resultierenden Entscheidungen triffst.

Ich würde schon gerne, aber die anderen

Kennst du diesen Spruch, bestimmt und das ist verrückt, solche Geschichten zu erzählen. Das ist nicht gut und clever, immer die anderen Menschen mit einbeziehen zu wollen. Lass bitte die anderen Menschen da, wo sie sind und du bleibst bei deinem Part. Wenn du dich auf die anderen verlässt oder dich ihnen adaptierst, wirst du es nie gut haben. Denn die anderen werden darauf achten, dass es ihnen gut gehen wird und wie es um dich bestellt ist, interessiert keinen. Wenn ich das sage, behaupten viele „Das glaube ich nicht!" Ich weiß, vor allem dann, wenn es aus den eigenen Reihen kommt. Da können und wollen wir es nicht glauben. Es ist für uns so weit weg und letztlich auch nicht vorstellbar, dass das eigene Fleisch und Blut derart unterwegs ist. Dennoch ist es die bittere Wahrheit und oft sind es sogar die Eltern.

Schreibe bitte deine Wahl auf, und ob du es tust

Lass uns jetzt ans Eingemachte gehen, schreibe welche Wahl du schon getätigt hast und wieso das so ist. Wichtig ist bei allem die Frage nachdem wieso oder warum. Nur dadurch können wir es klar für uns herausfinden, wieso wir so ticken wie wir das eben tun. Wenn wir das machen, finden wir auch heraus, welche Ergebnisse daraus entstehen. Die sind nicht immer so, wie wir es uns vorgestellt haben. Dafür tragen wir aber die Verantwortung und das sollte uns bewusst sein. Schreibe bitte auch auf, welche Wahl du noch treffen wirst und jeweils die Ergebnisse aus dieser Wahl. Das ist spannend, denn damit finden wir heraus, wie wir ticken. Wir erkennen den berühmten roten Faden. Je besser wir es herausfinden, wie wir ticken und was damit geschieht, desto näher sind wir an unserem Ich. Das ist erforderlich, um aus der Box rauszukommen. Nicht lange überlegen, sondern machen und tun.

Meine Wahl?	**Wieso?**	**Ergebnis?**
1.) ________________________	__________________	_________

2.) ______________________ ________________ ________

3.) ______________________ ________________ ________

4.) ______________________ ________________ ________

5.) ______________________ ________________ ________

6.) ______________________ ________________ ________

7.) ______________________ ________________ ________

8.) ______________________ ________________ ________

9.) ______________________ ________________ ________

10. ______________________ ________________ ________

Du bist grandios, ich hoffe, das ist dir bewusst. Die wenigsten Menschen trauen sich das leider zu, es zu erkennen und sich dabei auch noch selbst zu loben. Genau das ist aber erforderlich, um daran zu wachsen. Leider sind wir oft auf dem berühmten Vernichtungsprozess. Es ist erschreckend, wie kann man sich nur derart vernichten. Wenn du das nicht glaubst, achte bitte darauf, wie du mit dir selbst sprichst, wenn du im Dialog bist. In der Regel sind es oft Beschimpfungen, manchmal sogar wüste und was hast du davon, wenn du das machst? Was bringt es dir, anstatt dein Selbstwert steigt, erreichst du genau das Gegenteil davon. Er sinkt und am Schluss hast du dich zerstört. Wie kann man denn nur so verrückt sein, den Selbstvernichtungsmodus auf Autopiloten zu stellen?

Wenn es so leicht wäre und ich muss doch streng zu mir selbst sein. Das höre ich häufig und kann nur den Kopf schütteln. Wieso bildet man sich nicht weiter und gibt sich nur noch mit erfolgreichen Persönlichkeiten ab? Wieso bleibt man in dem alten Sumpf zurück? Fragen über Fragen und weißt du was, auf die meisten gibt es keine Antwort. Man ignoriert es und macht in der Regel lieber weiter wie gehabt. Denn das kennt man und da tut man sich auch nicht besonders schwer. Ich möchte dich herzlichst einladen, aufzuwachen und dein Leben fest in deine Hände zu nehmen. Gib niemals mehr das Steuerrad deines Lebens aus deinen Händen. Das bleibt bitte fest in deiner Hand und dann gewinnst du auch. Reduziere es jetzt auf deine drei stärksten Punkte.

Meine Wahl?	**Wieso?**	**Ergebnis?**
1.) ____________________	________________	________
2.) ____________________	________________	________
3.) ____________________	________________	________

Schon wieder bist du ein Stück weitergekommen. Wie ist es jetzt für dich, wie fühlt es sich an? Auch hier immer ehrlich sein, das ist das Wichtigste, was du für dich als Mensch überhaupt nur tun kannst. Sich selbst zu belügen, bedeutet ganz klar, dass du dich damit ins Aus schießt. Ist es das, was du möchtest? Ich kann es mir nicht vorstellen und darum lasse es bitte lieber. Du schadest dir nur selbst und das ist genau das, was die meisten Menschen immer wieder fabrizieren. Also lebe dich und triff immer die für dich passende Wahl.

„Tue die Dinge zum Wohle aller!“

Dann liegst du absolut goldrichtig. Am Anfang dauert das ein wenig und dann geht es von allein. Dann kannst du nicht mehr anders und es wird zum festen Bestandteil deines Lebens. Du hast die verschiedensten Entscheidungen getroffen, einige waren sehr gut und manche eben unendlich chaotisch. Nimm die Guten mit und achte darauf, dass du in Zukunft genau die wieder so triffst. Reduziere es jetzt bitte auf deine Hauptwahl für die Zukunft und das, was dir dann am meisten bringt.

Meine Wahl?	**Wieso?**	**Ergebnis?**
1.) ______________________	________________	________

Schon wieder ist Grande Finale angesagt und das brauchen wir einfach. Das heißt, das berühmte und zugleich auch große Ende. Du bist es, der das macht und je schneller du es für dich umsetzt, desto besser geht es dir. Ich weiß, dass ich mich immer wiederhole. Es ist aber wichtig, dass wir dies tun. Ich habe für mich mittlerweile einen sensiblen Sensor aufgebaut und reagiere sehr empfindlich darauf. Wenn es nicht passt, spüre ich es und setze alles daran, die Situation dahin gehend zu ändern, dass mir das nicht mehr passiert. Gewöhne auch du dich daran und es geht dir viel leichter von der Hand.

Dein Fazit: ____

Alles braucht seine Zeit

Das müssen wir beachten, nichts geht über Nacht. Viele Menschen träumen davon, dass die Dinge von allein geschehen, ganz ohne unser Zutun. Welche Fata Morgana haben wir denn da? Wie können wir nur so unterwegs sein, das ist doch bescheuert und verrückt. Folglich ändern wir es und üben uns in Geduld. Denn vielleicht erinnerst du dich noch vage daran, wie lange es schließlich gedauert hat, bist du endlich auf der Welt warst. Lange 9 Monate warst du im Mutterleib und danach ging die Geschichte weiter. Wie lange hat es gedauert, bis du endlich laufen konntest. Dann sprechen und viele weitere Momente, alles hat seine berühmte Zeitqualität und je mehr wir diese beachten, desto besser geht es uns.

Von der Idee zur Vollendung

Was ist denn das für eine komische Variante, das funktioniert so nicht. Viele Menschen haben viele und auch gute Ideen, nur sie haben eines nicht, die Passion Durchhaltevermögen an den Tag zu legen. Ohne dieses funktioniert es nicht, da kannst du dir noch so viel wünschen und es beschleunigen wollen. Alles ist letztlich ein Prozess, der da vonstattengeht. Du kannst hierzu auch gerne unsere Jahreszeiten nehmen. Wenn der Winter langsam zu Ende geht, dauert das seine Zeit, bis der Frühling Einzug halten kann. Danach wiederum, bis der Sommer da ist und es letztlich wieder Winter wird. Alles hat seine Zeitqualität, die gilt es zu erkennen und zu schätzen. Je mehr wir uns hier in Dankbarkeit üben, desto besser geht es, und umso wohler fühlen wir uns damit.

Durchhaltevermögen

Hier scheitern unendlich viele Menschen, weil sie nicht imstande sind, entsprechendes an den Tag zu legen. Das ist verrückt, Großes zu wollen und gleich bei der erstbesten Schwierigkeit die Flinte ins Korn zu werfen. Was passiert dann, da haben wir sofort große Probleme, denn wir reihen uns damit schlagartig in die Reihe der Aufgeber ein. Weißt du, was das Verrückte dabei ist, du gewöhnst dich daran und es wird zu einem Teil von dir. Du wirst immer öfter, wenn es nicht läuft, oder die ersten Schwierigkeiten auftreten sofort aufgeben. Das ist nicht gut, wenn du dir diesen Mechanismus aneignest.

„Gewinner geben nie auf, Verlierer geben immer auf!“

Führe dir das immer vor Augen, zu wem du dich zählen möchtest. Lieber zu den Gewinnern oder zu den Verlierern? Du kannst frei wählen und ich hatte damals vor Jahrzehnten klar die Wahl getroffen, nur noch zu den Gewinnern zu gehören. Da war es unabdingbar, nie mehr aufzugeben und alles daran zu setzen, stets ein großes Durchhaltevermögen an den Tag zu legen.

Was ist Durchhaltevermögen

Ich liebe die deutsche Sprache, sie ist wundervoll und sagt alles aus. Denn so ehrlich und wahr wie diese Sprache, gibt es nur wenige. Wir müssen nur genauer hinhören und dann passt es für uns. Schauen wir uns das Wort explizit an, um es besser zu verstehen.

„Durch - halte - vermögen!“

Wir müssen da durchgehen, es aushalten und dann gelangen wir zu Vermögen. Nur wenige sind bereit da durchzugehen, denn das ist am Anfang ungewohnt und manchmal schmerzhaft. Jedoch nur wenn wir genau das tun, schaffen wir uns Vermögen. Dann kommen wir dort an, wo wir schon lange hinwollten. Nun liegt es an dir, wie sehr du es für dich annimmst. Du hast wie immer die Wahl und das sollte dir bewusst sein.

Wer sein Leben auf Glück aufbauen will, wird keines haben

Präge dir das tief in dein Herz ein, alle Glücksritter haben stets das berühmte Nachsehen. Denn Glück ist nichts, was nur so kommt, rein zufällig. Glück will erarbeitet werden, jeden Tag aufs Neue. Es ist wie beim Sport, du hast gewonnen, stehst auf dem Podest und am nächsten Tag ist es schon wieder Geschichte. Das heißt, du fängst erneut von vorne an. In dieser Art zieht sich das ein ganzes Leben lang durch. Glück erlebst du nur, wenn du all die Dinge, welche zu tun sind, auch tust und bereit bist, dafür den Preis zu bezahlen. Dann baut sich das Glück in dir selbst sukzessive auf und es passiert immer wieder.

Geduld bringt Rosen

Das ist es, was uns der Volksmund beibringt, nur davon sind wir öfters weit entfernt und das ist nicht gut. Leben wir es ab heute und ich darf dir eines versichern, ich war einer der ungeduldigsten Menschen auf diesem Planeten. Was hat es mir gebracht, es hat mich nur gestresst. Mich unendliche Nervenkraft gekostet, dass ich mich dazu entschieden habe, es nie mehr zu sein. Klar, Hand aufs Herz es gelingt meistens, es gibt aber auch Momente, wo es dann doch sehr schwer ist. Wir haben aber zum guten Glück die Chance, permanent von vorne anzufangen und uns zu resetten, wie es in der Computersprache heißt.

Die meisten Menschen überschätzen sich

Sie glauben, dass es schnell und zackig geht. Dem ist aber nicht so, das ist ein unendlich großer Trugschluss. Wer sich überschätzt, wird leiden und sich viel Frust reinholen. Wie kann man sich nur so etwas antun? Sich zu quälen, eine eigene Falle zu stellen, so verrückt kann nur ein Mensch sein. Also lassen wir es lieber und dann geht es uns auch weitaus besser. Wenn nicht, dann fügen wir uns permanent Schmerzen zu, das ist nicht gut.

Die meisten Menschen unterschätzen, was man erreichen kann

Ist das nicht unglaublich, wenn man sich das gibt? Ich finde es faszinierend, da fangen die Menschen etwas an und glauben, dass die Post abgeht und es tut sich weniger als nichts. Dann hören sie auf, anstatt weiter zu machen und dran zu bleiben. Denn oft ist der Weg zum Erfolg nicht mehr weit. Nur noch ein kleiner Katzensprung entfernt und weil man vorher aufgibt, kommt man da nie hin. Die Folge solch eines Verhaltens ist klar Frust ohne Ende. Das ist nicht gut und wirkt selbstzerstörend. Wie verrückt muss man nur sein, so vorzugehen und sich selbst auf den Vernichtungstrip zu schicken?

Erfolgreiche denken und handeln immer in der 10-Jahresmission

Erfolgreiche wissen es genau, dass auf die Schnelle nichts geht und wenn man hier in den Vergleich geht, zieht man nur den Kürzeren. Darum arbeiten Erfolgreiche stets in der 10-Jahresmission, das heißt, alles ist auf Langfristigkeit ausgelegt. Stelle dir mal vor, du fängst etwas an und schaust sofort nach, was daraus geworden ist. Nichts, weniger als nichts. Dann gehst du hin und rechnest es auf 10 Jahre hoch und bleibst konsequent dran, was das alles ändert. Du hast dadurch zwangsläufig weitaus mehr Erfolg und damit wesentlich mehr vorzuweisen. Das unterscheidet die Erfolgreichen klar von den Erfolglosen. Wenn du das Prinzip verstehst, kann dir nichts mehr passieren.

Schreibe jetzt bitte auf, wie du mit deiner Zeit umgehst

Je schneller du deinen Typus herausfindest, und wie du in den verschiedensten Fällen unterwegs bist, desto klarer kommst du mit dir und kannst dich danach richten. Das ist wichtig, dass du mit dir im Klaren bist und genau weißt, wie der berühmte Hase läuft. Nur wer sich kennt und weiß, wie es bei ihm abläuft, hat die Chance, Änderungen einzuleiten und eine riesige Meisterleistung an den Tag zu legen. Sonst bleibt alles beim Alten. Das ist nicht gut, denn wir brauchen dringend neue und weitaus bessere Ergebnisse. Schreibe jetzt bitte auf, wie du zeitmäßig tickst, wieso das so ist und seit wann du derart unterwegs bist.

Wie tickst du in der Zeit?	Wieso?	Seit wann?
1.) ______________	______________	________
2.) ______________	______________	________
3.) ______________	______________	________
4.) ______________	______________	________
5.) ______________	______________	________
6.) ______________	______________	________
7.) ______________	______________	________
8.) ______________	______________	________
9.) ______________	______________	________
10. ______________	______________	________

Wie ist es jetzt für dich, wie gehst du damit um? Sich selbst herauszufinden ist wohl das Spannendste, was man überhaupt nur machen kann. Wenn man das nämlich ignoriert, straft man sich selbst und hat danach mehr Probleme. Wobei per se ein Problem ja nichts schlechtes ist, denn Pro - blem heißt ja für und nicht gegen. Nur wir verstehen es leider oft falsch, weil wir es nicht anders kennen, und schaffen uns dadurch noch mehr Schwierigkeiten. Das ist bescheuert, wenn wir das in dieser Art und Weise durchziehen. Darum immer sich zurücknehmen, in medias res gehen, das eigene Verhalten überprüfen und dann geht es wieder von vorne los. Ich liebe die Analyse, denn sie hilft mir, um ein Vielfaches weiter zu kommen und mehr Erfolg in mein Leben zu holen. Am Anfang sind es kleine Momente und Ergebnisse, dann werden sie im Laufe der Zeit größer und größer. Das ist dabei der absolut faszinierende Moment, wo wir dann oftmals davorstehen und die Welt nicht mehr verstehen und erklären können.

Darum kann ich dir nur ans Herz legen, gehe am Anfang langsam und bedächtig voran. Die Geschwindigkeit kannst du im Laufe der Zeit, um ein Vielfaches erhöhen. Denke nur daran, wie deine ersten Fahrradversuche waren? Da warst du doch langsam unterwegs und hast nicht sofort volle Pulle in die Pedale getreten. Mit jedem Tag, wo du geübt hast, ging es besser und besser. Heute, Jahre oder womöglich sogar Jahrzehnte später, ist das für dich kein Thema mehr. Es geht dir super von der Hand, so als ob du mit dem Fahrrad geboren bist. Wenn du in diesen Bereich hineinkommst, hast du gewonnen und es geht dir supergut. Jetzt reduziere es bitte auf deine drei stärksten Faktoren.

Wie tickst du in der Zeit?	**Wieso?**	**Seit wann?**
1.) ______________________	__________________	_________
2.) ______________________	__________________	_________
3.) ______________________	__________________	_________

Wie ist jetzt dein Feeling, wie fühlt es sich an? Wie gehst du damit um, wie viel Kraft spürst du in dir hochkommen, wenn du das genau analysierst? Der Mensch ist per se ein starkes Kraftwesen, welches letztlich jeder Maschine gegenüber haushoch überlegen ist. Das ist schon einmal die Ausgangsbasis, nur was so viele daraus machen, ist leider die Katastrophe und das halte ich für sehr bedenklich. Nicht, dass es so ist, sondern, man nichts daraus lernt und die Dinge dann ändert. Häufig sind es nur kleine Geschichten, die der Veränderung bedürfen.

Es geht da in jeder Hinsicht definitiv um die Ganzheit. Nur wenn wir uns dessen bewusst sind, können wir schalten und das Lenkrad in den eigenen Händen halten. Wenn wir das nicht tun, laufen etliche Dinge völlig aus dem Ruder und das berühmte Geschrei ist riesig. Viel Unverständnis kommt da zum Tragen. Das Wehgeklage ist groß. Du kennst sicherlich auch einige von diesen Menschen, die darin wahre Meister sind. Reduziere es nachfolgend auf den einen Punkt, der dich am stärksten beeinflusst.

Wie tickst du in der Zeit?	**Wieso?**	**Seit wann?**
1.) ______________________	__________________	_________

Wie fühlt es sich für dich an, ich hoffe sehr gut. Du erkennst auch die Wichtigkeit deines gesamten Denkens und dem daraus resultierenden Verhaltens. Es ist deine Aufgabe, selbst wenn viele immer wieder der Meinung sind, sie hätten damit ja eigentlich nichts am Hut. Das ist fatal, so unterwegs zu sein und das solltest du dir lieber schenken, als damit baden zu gehen.

Dein Fazit: ____

Lebe endlich in deinem Flow

Es gibt nur eines für dich und dein Leben, dass du hier einkehren kannst und dich hundertprozentig lebst. Flow ist die Leichtigkeit des Seins und niemals Schwere. Wie viele Menschen leiden jedoch darunter und kommen mit sich nicht zurecht. Das ist erschreckend, wenn man sich im Kreis dreht. Das muss aber nicht sein, du kannst im Flow leben. Da ist es erforderlich darauf zu achten, was du wirklich willst und was nie mehr. Danach trenne definitiv die Spreu vom Weizen und lege los. Nie mehr zaudern und zögern, warten, dass es besser wird. Es wird nur durch Entscheidungen, welche du triffst und konsequent in die Tat umsetzt.

98% der Menschen leben nicht im Flow, und das ist erschreckend

Wieso sollte man sich das Leben schwer machen, wenn es auch einfach geht? Was gibt das für einen Sinn und wo soll das hinführen? Frust ist das Schlimmste, was man sich als Mensch antun kann. Es gibt viele Frustrierte auf dieser Welt. Du siehst es ihnen bereits an ihrer Haltung an, allein wie sie daherkommen, rumstehen oder sitzen. Dann ist ihnen der Lebensfrust in ihr Gesicht geschrieben. Tief eingebrannt fristen und tristen sie ihr Leben und hoffen auf ein Wunder. Mit jeder Hoffnung bauen sie sich nur noch weiteren Frust auf. Zu guter Letzt sind es reine Frusthaufen, die förmlich vor sich hinvegetieren.

Alles was mich nicht flowt, werfe ich über Bord

Präge dir diesen Satz fest ein. Entweder es flowt dich und damit geht es dir sehr gut, oder es kostet dich viel Kraft und dann solltest du es lassen. Alles dazwischen ist ein fauler Kompromiss, darauf kannst du sicherlich verzichten. Wieso sich das Leben schwer machen, wenn es auch anders geht. Ich spüre das sofort in mir, ob es mir guttut oder mich Energie kostet. Was guttut, wird wiederholt und was schadet, wird eliminiert. Das ist alles und wenn man sich diesen Flow erarbeitet, ist es ein Traum. Fange auch hier klein an und dann baue es permanent weiter aus. Es kommt der Tag, wo du sofort spürst, was da abgeht und wo du dabei bist.

Du fängst an und es ist leicht

Das gefällt mir, du fängst leicht an und es läuft dir super von der Hand. Es ist, als wäre es schon immer so gewesen. Man nennt dies auch die Automatisation, du musst dich damit nicht befassen. Das ist zum Beispiel wie mit unserem Herzschlag, der schlägt auch von allein. Er schlägt und schlägt, und wir machen uns in keinster Art und Weise Gedanken darüber. Warum denn auch, so lange es funktioniert, ist es wundervoll. Wir machen uns erst Gedanken, wenn das Herz ins Stolpern kommt. Wenn die Dinge nicht mehr laufen, wie sie sollten, werden wir oder noch andere auf den berühmten Plan gerufen. Das gleiche ist es mit dem Flow, wenn du dich daran gewöhnt hast, läuft es wie geschmiert und du bist ein Teil des Ganzen.

Du hörst auf und es war leicht

Weißt du überhaupt wie klasse das ist, du hast leicht angefangen und hörst genauso leicht wieder auf. Als ob es nur die Leichtigkeit gibt und sonst nichts anderes. Du gehst abends ins Bett und bist glücklich all der Dinge, die du erledigt hast. Du schläfst wie ein Engelchen, wachst genauso am nächsten Tag auf und es geht weiter im Text. Du spürst in dir ein unendliches Glücksgefühl, welches dich zusätzlich trägt und fördert. Für die meisten Menschen ist es leider ein Krampf, sie tun sich unendlich schwer und wundern sich, dass das Glück in weite Ferne rückt. Da musst du dafür sorgen, dass es wieder zurückkommt. Denn das Glück war schon einmal in deinem Leben.

Du und die Mitmenschen werden erstaunt sein, wie leicht es ist

Wenn es läuft, ist es nur noch klasse. In erster Linie fangen die

Mitmenschen an es zu bemerken und sprechen dich häufig an, bevor du überhaupt etwas bemerkst. Denn wir stehen uns hier oft selbst im Wege. Das ist nicht gut und sogar fatal. Müssen wir uns das überhaupt geben? Ich glaube schon, das sind wir uns schuldig, dass wir unser Leben auf einen hohen Level heben. Denn nur dort sind wir zu Hause und können uns entfalten. Alles andere ist doof und schwächt uns unnötig. Wenn du es gepackt hast, wirst du erleben, wie du automatisch andere Menschen mitziehst.

Schreibe jetzt deine Flows auf

Das war wieder Theorie und darauf sollte die Praxis folgen. Die Erfahrungen aus dem eigenen Leben heraus und das bedeutet, dass wir in die Überprüfung gehen, wo wir bereits jemals im Flow waren. Die Erfahrung hat uns klar gezeigt, dass wir schon häufig im berühmten Flow waren. Nur haben wir manches im Laufe des Lebens vergessen und genau daran müssen wir wieder andocken. Ich bin erstaunt, wie schon alles vorhanden war. Das finde ich faszinierend, wir müssen nichts Neues lernen. Es ist seit Geburt alles vorhanden und einige behaupten sogar, noch viel länger. Wenn wir uns darauf besinnen, haben wir viel gewonnen. Schreibe bitte auf, wo du schon im Flow warst, wieso und wie oft.

Meine Flows?	Wieso?	Wie oft?
1.) ____________	____________	________
2.) ____________	____________	________
3.) ____________	____________	________
4.) ____________	____________	________
5.) ____________	____________	________

6.) ______________________ ________________ ________

7.) ______________________ ________________ ________

8.) ______________________ ________________ ________

9.) ______________________ ________________ ________

10. ______________________ ________________ ________

Wie ist dein Empfinden, mit deinen Flows? Geht es dir sehr gut und was machst du daraus? Das ist die alles entscheidende Frage, welche sich auftut. Denn nur Wissen ansammeln und nichts davon umsetzen, ist nicht besonders clever. So verharren viele Menschen mit all ihrem Wissen und drehen sich im Kreis. Ich bin mir hundertprozentig sicher, dass auch du etliche dieser Leute kennst. Sie werden von Tag zu Tag frustrierter. Hier heißt es wahrhaft aus dem Bann auszubrechen. Lebe deinen Flow mit riesiger Lebensfreude und sei darüber unendlich glücklich und dankbar, dass du das in dieser Art erleben darfst. Ich bin immer sehr dankbar, für neues Wissen, selbst wenn manchmal das Umstellen des Erlernten sich nicht immer leicht darstellt. Ich lebe dann nach der Devise

„Wo fängt der Erfolgreiche an, da wo der Erfolglose aufhört!"

Diese Aussage ist treffend, darin liegt viel Kraft und Energie. Es trifft genau den Punkt und dadurch können wir selbst entscheiden, zu welcher Gruppe Menschen wir gehören wollen. Zu den Erfolgreichen oder lieber den Erfolglosen. Um zu der ersten Gruppe zu gehören, ist es unabdingbar, dass wir unsere Box, unsere Gefangenschaft für alle Zeiten verlassen. Sonst wird es bitterlich sein, vom Erfolg und einem anderen Leben zu träumen und das Ganze aus der Box heraus. Ich denke, das müssen wir uns nicht mehr geben. Jetzt reduziere es auf deine drei stärksten Punkte.

Meine Flows?	**Wieso?**	**Wie oft?**
1.) ______________________	________________	________
2.) ______________________	________________	________
3.) ______________________	________________	________

Prima, du hast es bis hierher geschafft, beantwortest die Fragen und bleibst dran. Ich hoffe sehr, zum Ende des Buches, dass du die gesamte Energie, welche das verströmt auch erfassen und leben kannst. Dass du weißt, wie weit du es bereits gebracht hast und was alles noch Wundervolles auf dich wartet. Für mich als Erfolgsproduzent das Schönste zu sehen, wie andere Menschen ihr Leben in die eigenen Hände nehmen und sich vom Mauerblümchen, zu einer prachtvollen und großartigen Blüte entwickeln. Die Potentiale, welche in jedem Menschen begraben sind, das ist schön und spannend. Jetzt reduziere es bitte auf deinen stärksten Faktor.

Mein Flow?	**Wieso?**	**Wie oft?**
1.) ______________________	________________	________

Nun verankere nochmals deinen stärksten Faktor. Dann nimm diese Energie mit dir mit und gehe in die Welt hinaus. Erschaffe dir täglich viele Flows und diese werden zu einem Teil von deinem wundervollen Leben. Innerhalb kürzester Zeit stellt es dich dann so dar, als ob es noch nie etwas anderes gegeben hat. Wenn du in diesen Bereich hineingelangst, bist du wahrlich königlich unterwegs und du wirst auch nie mehr in deine Box wollen.

Dein Fazit: ____

Erfolgs-, Dankbarkeits-, Ziele- und KVP-Buch

Es gibt eine wundervolle Art mit sich und dem Leben noch besser klar zu kommen. Hierzu ist es nur erforderlich, morgens und abends kurz Buch zu führen. Man nennt diesen Vorgang auch Bilanzierung und das hilft ungemein, den Stand der Dinge klar zu erkennen und darauf aufzubauen. Nur was wir schwarz auf weiß haben, ist nachvollziehbar. Sonst bleibt vieles im wachsweichen Bereich, von weder oder noch. Wie oft waren wir schon so unterwegs, und jetzt geht es darum, das endlich abzustellen.

Du musst klarblicken

Je klarer du die Welt sieht, deine eigene und die der anderen Menschen, desto erfolgreicher bist du unterwegs. Unsere Vorfahren hatten noch nicht diese Möglichkeiten. Da war in ihren damaligen Höhlen keine Chance vorhanden. All die Menschen, welche auch heute noch in den Höhlen leben, denen geht es genauso. Nun, egal, jeder macht so, wie er denkt und das ist doch ein guter Start. Es ist simpel, für all die Leute, die sich leben, und mit Vollgas unterwegs sind. Für die anderen wird es schwer und anstrengend.

Nimm dir jeden Morgen und jeden Abend fünf Minuten Zeit

Das ist sehr wenig und du wirst sehen, dass du dabei nichts vermissen wirst. Was machst du in dieser Zeit, du schreibst folgende Themen auf

- Erfolg
- Dankbarkeit
- Ziele
- KVP

Es ist das Leben, denn du hast jeden Tag Erfolg. Nur merkst du das manchmal nicht, weil du dich damit nicht befasst. Das ist leider nicht optimal, darum halten wir es schriftlich fest. Dadurch geht es nicht verloren und alles ist gut. Dankbarkeit, da gibt es etliche Punkte, für was wir wirklich dankbar sein können und müssen. Unsere Ziele, wo die Reise hingehen soll, ein dringlicher Aspekt und natürlich was kann ich besser machen. Schauen wir es uns im Einzelnen an und bauen darauf auf.

Erfolg

Eines ist schon komisch, der Mensch wartet stets auf den großen Erfolg. Auf die riesige Nummer, nur die kommt so schnell nicht. Letztlich sind es die vielen kleinen Geschichten, die das Große ergeben. Es fängt wie immer klein an, der Volksmund sagt hierzu passend

„Kleinvieh gibt auch Mist!"

Das finde ich klasse, und wenn du deine kleinen Erfolge aufschreibst und diese dir dann abends, bevor du schlafen gehst, anschaust, wirst du eines feststellen dürfen, dass du doch schon viel bewegt hast. Das gibt dir neuen Antrieb und motiviert dich weiter zu machen. Wer motiviert dich denn sonst, hast du dir darüber schon jemals Gedanken gemacht?

Schreibe jeden kleinen Erfolg auf. Ich habe zum Beispiel heute Morgen gleich reingeschrieben, erfolgreich geschlafen. Du lachst jetzt womöglich darüber und denkst, dies ist doch selbstverständlich. Ist es aber nicht, denn es gibt etliche Menschen, die nicht erfolgreich schlafen können und wenn, nur mit Schlaftabletten. Desweiteren habe ich festgehalten, Hörbuch gehört, an meinem Buch geschrieben, mit dem Massageapparat massiert und vieles mehr.

Dankbarkeit

Glaubst du nicht, dass wir allen Grund haben sehr dankbar zu sein? Ich denke schon, es ist wichtig, dass wir das tun. Denn durch die Dankbarkeit verbinden wir uns sofort mit dem Göttlichen. Menschen die dankbar sind, haben wesentlich mehr Erfolg. Dankbarkeit ist beinahe wie ein Magnet, der noch mehr Erfolg mit sich zieht. Das ist wundervoll und wenn wir uns dem öffnen, passieren definitiv traumhafte Dinge. Auch du hast allen Grund dankbar zu sein. Zwei Drittel der Menschheit würde sehr gerne mit dir tauschen wollen, denn ihnen geht es nicht so gut wie dir und mir. Sei dir darüber im Klaren und es ändert dein Leben auf solch schöne Art und Weise.

Ziele

Schreibe all deine Ziele auf und hierauf höre ich häufig, wieso schon wieder, ich habe bereits alle aufgeschrieben. Weil ständige Wiederholung Wirklichkeit schafft. Je schneller du es checkst, desto mehr verändert es in dir. Denke daran, wer keine Ziele hat, hat keine Chance irgendwo anzukommen. Hast du schon mal versucht an deinem Navigationsgerät kein Ziel einzugeben? Das kannst du gar nicht, du würdest dich nur im Kreis drehen und es wäre absoluter Stillstand. Das Navi würde immer wieder zu dir sagen „Geben sie bitte ihr Ziel ein!" Also musst du es tun oder es wird dir nicht geholfen. Ich denke, das kennst du zur Genüge, im Stillstand zu bleiben, anstatt im Fort- und Weitergehen. Also tue es bitte morgens und abends, in der Wiederholung und es verändert dich, deine Welt und zugleich auch die Umwelt.

KVP

Ich liebe dieses Wort, der kontinuierliche Verbesserungs-Prozess. Es ist nun einmal unsere Aufgabe darauf zu achten, dass wir uns permanent in diesem Prozess bewegen. Immer und das heißt jeden Tag gehen wir in die Überprüfung, ist das was wir machen in Ordnung, oder gibt es etwas zu ändern? Was ist zu verändern und wieso ist das erforderlich? Was bringt es dir und natürlich den Mitmenschen, wenn du es tust? Gib dir die Chance und schreibe alles auf, was dir einfällt. Auch hier nie lange überlegen, ich merke es sofort, wenn mir etwas gegen den berühmten Strich geht, dann weiß ich, dass dringend Handlungsbedarf besteht. Da ich nicht alles im Kopf behalten kann, schreibe ich es auf.

Ich nenne das auch die Achtsamkeitsübung

Achtsamkeit sich selbst gegenüber ist eine der wichtigsten Übungen, die es überhaupt für Menschen gibt. Wenn wir das nicht machen, nicht beachten, ist die Gefahr relativ groß, dass wir untergehen. Sich selbst zu achten, damit tun sich die meisten unendlich schwer. Wer sich selbst nicht achten kann, ist auch außerstande andere Menschen zu achten. Dabei ist genau das so wichtig, im Umgang miteinander. Wenn es alle Menschen auf dieser Erde tun würden, ginge es der Welt besser und es gäbe keine Kriege mehr. Das ist eh das Verwerflichste, was man als Mensch nur machen kann. Wer andere Menschen missachtet, tut das auch mit sich. Darum nutze die Chance, dich zwei Mal am Tag auf deine Person und dein Innenleben zu besinnen.

Ich habe keine Zeit für das

Das höre ich häufig, und da kann ich nur den Kopf schütteln. Wie kann man solch einen Mist behaupten, denn das stimmt nicht. Wir bekommen alle um Mitternacht 24 Stunden geschenkt. Dann stellt sich die Frage, was mache ich daraus, wie gehe ich damit um, und was sollen mir die 24 Stunden bringen? Erfolgreiche unternehmen viel, und die anderen, machen eben nur sehr wenig daraus. Die Zeit vergeht so oder so, da müssen wir uns wahrhaftig keine Sorgen machen. Es ist die absolute Sicherheit, dass nach dem Morgen der Abend kommt, dann der Tag, und es wenige Stunden später bereits der Vergangenheit angehört.

Wenn wir uns besinnen, können wir sofort einiges ändern

Das ist dringlich, denn die meisten merken in der Regel erst Ende Jahr, dass dieses nicht optimal war. Was willst du da noch ändern? Es ist buchstäblich gelaufen und du hast keine Chance mehr es rückgängig zu machen oder aufzuholen. Was vorbei ist, ist vorbei und wird nie mehr wieder kommen. Darum heißt es

„Mache aus jedem Tag eine große Meisterleistung!“

Sage dir das immer abends und mache dir da bereits Gedanken, wie dein kommender Tag verlaufen soll. Dann plane ihn und somit kannst du völlig beruhigt in die Nachtruhe gehen. Dich auf den nächsten Tag freuen und gleich richtig loslegen.

Warte und du bleibst, wo du bist, ändere es und es geht weiter

Also du kannst es dir überlegen, was du machen willst. Ob du es änderst oder lieber so lässt. Wenn du nichts änderst, ist das auch in Ordnung, sei aber nicht überrascht, dass es dann so bleibt, wie es war und teilweise sogar noch viel schlimmer wird. Oder du packst es endlich an und legst richtig los. Deshalb kaufe dir heute noch ein schönes Buch und fange an die Übung durchzuführen. Du wirst es erleben, an manchen Tagen wird es dir sehr gut gelingen und an anderen wirst du es vergessen. Dann sei nicht traurig und schimpfe mit dir. Gib dir wieder eine Chance und fange von vorne an.

Schreibe jetzt bitte auf, wieso du die Übung machen wirst

Lege gleich los, wieso du die Übung machst und was es dir bringt. Dann welche Ergebnisse daraus entstehen. Denn alles, was du tust, hat immer eine Konsequenz. Auch hier halten wir es fest, so hast du darüber reflektiert und das ist wichtig es zu verinnerlichen. Dann kann es sich super einprägen und du kannst es sofort umsetzen. Ich mache das immer, in die Schriftlichkeit zu gehen. Vor allem bei den Angelegenheiten, die für mich neu sind.

Ich mache die Übung?	Wieso?	Ergebnis?
1.) ______________________	__________________	_________

2.) ______________________ ________________ ________

3.) ______________________ ________________ ________

4.) ______________________ ________________ ________

5.) ______________________ ________________ ________

6.) ______________________ ________________ ________

7.) ______________________ ________________ ________

8.) ______________________ ________________ ________

9.) ______________________ ________________ ________

10. ______________________ ________________ ________

Ist es dir durch die Übung bewusst geworden, wie dringlich es ist, dich mit diesem Thema ernsthaft zu befassen? Wenn du derart vorgehst, klappt es. Sonst bleibt es wie es ist, sei dir darüber im Klaren. Du bist aus der Höhle rausgekommen und da solltest du nie mehr zurückgehen. Es ist so wichtig, dass du dir dies tief einprägst. Das Buch wird dir helfen und das, was du schreiben wirst, mit deinen vier Übungen. Jetzt reduziere es auf deine drei stärksten Faktoren, wieso du es tun wirst.

Ich mache die Übung? **Wieso?** **Ergebnis?**

1.) ______________________ ________________ ________

2.) ______________________ ________________ ________

3.) ______________________ ________________ ________

Ist es für dich noch klarer geworden, ich wünsche es mir sehr für dich und dein weiteres Leben. Bei allem, was du tust, arbeite immer ergebnisorientiert. Denn letztlich sind es nur die Ergebnisse, welche zählen und nichts anderes. Ohne Ergebnisse hast du keine Chance, dich auf dieser Welt zu manifestieren. Nach den ersten Wochen wirst du dich bereits besser fühlen. Je mehr Zeit vergeht und du dranbleibst, desto stärker macht es dich. Du gewinnst damit an Selbstvertrauen, und das brauchst du. Im Wort Selbstvertrauen ist das Selbst und das Trauen enthalten. Wenn du dir nicht selbst vertraust, was bleibt da noch übrig, doch gar nichts mehr. Jetzt reduziere es auf deinen stärksten Punkt.

Ich mache die Übung?	**Wieso?**	**Ergebnis?**
1.) ______________________	__________________	_________

Dein Fazit: ____

Zeit Abschied zu nehmen

Liebe Leser,

was für ein gigantisches Gefühl, wieder ist ein Buch geschrieben. Ein langer Prozess, von der ersten Idee bis hin zur Umsetzung.

Viel Zeit ist vergangen und die Suche nach dem Richtigen für euch, als meine geschätzten Leser. Der Gedanke, welcher mich stets trägt, wie kann ich meinen Lesern den optimalen Nutzen bieten, sodass es einiges in eurem Leben verändert.

Ich liebe es derart, mit der großen Frage unterwegs zu sein „Was haben andere Menschen davon, dass es mich gibt?" Das ist letztlich die alles entscheidende Frage, es geht hierbei nicht um das Thema, wie geht es mir oder was brauche ich? Es geht ausschließlich um das Wohl der Leser.

Dadurch ist gewährleistet, dass alle anderen Bücher gelesen werden, und die Leser zu meinen Seminaren kommen. Es macht unendlich viel Spaß, die unbekannten Leser eines Tages persönlich kennenlernen zu dürfen. Sie auf ihrem Lebensweg zu begleiten und zum Erfolg zu führen.

Zu einem absolut selbstbestimmten Leben, das ist die größte und zugleich schönste aller Aufgaben. Ich bin unendlich dankbar, dass mir diese Fähigkeiten in die Wiege gelegt wurden, ich sie erkannt habe und täglich leben darf.

Mein Leben ist zu Schreiben und das Schulen. Diese beiden Komponenten zusammen sind dermaßen großartig und super. Sie geben mir Kraft und Erfüllung. Sie beseelen mich jeden Tag immer wieder aufs

Neue, machen mich absolut glücklich und dankbar. Ist das nicht ein wundervoller Traum, wenn man das von sich behaupten kann?

Ich bin der Meinung, dass jeder Mensch eine Berufung auf Erden hat. Diese gilt es zu suchen, zu finden und natürlich konsequent zu leben. Nur wenn wir diese leben, führen wir ein glückliches und in sich ruhendes Leben.

Deswegen bin ich dir als mein Leser unendlich dankbar, dass du mir die Chance gibst, für dich da zu sein. Dich mit meinem Buch in ein neues und großartiges Leben hinein zu begleiten. Dass du endlich out of the box lebst und mit jedem Tag mehr Spaß und Lebensfreude daraus erwachsen kann.

Am Anfang wohl ein wenig zögerlich, dann kommt immer mehr Dynamik auf und schon bald ist es für dich die absolute Selbstverständlichkeit. Im Wort Selbstverständlich ist das selbst verstehen enthalten. Genau um das geht es, wenn du anfängst, dich selbst zu verstehen, hast du in deinem Leben unendlich viel erreicht.

Wenn du diese Zeilen liest, dann hast du das Buch schon Tage, Wochen, Monate oder sogar Jahre gehabt. Womöglich hast du es an einem Tag, einem Wochenende durchgelesen oder über Monate hinweg. Manches dauert sogar Jahre, das spielt keine Rolle, Hauptsache du hast dich darin wieder gefunden und lebest dich entsprechend.

Egal, was du machst, bitte gehe nie mehr in die Box zurück. Auch wenn dein Umfeld deine Veränderung nicht gerne sieht. Oftmals erhält man massiven Widerstand, denn die lassen das nicht mit sich geschehen. Schließlich bist du mit und durch deine Veränderung nicht mehr einschätz- und kalkulierbar. Das ist leicht verpönt und da schafft man mit den verschiedensten und manchmal sogar perversesten Mitteln dagegen.

Passe sehr gut auf dich auf, führe immer Buch. Gehe stets in die berühmte Schriftlichkeit und halte dich daran. So kannst du genau erkennen, wie weit du schon gekommen bist und was eventuell noch fehlt. Danach fülle diese Lücken und weiter geht es, immer nach vorne, deinen Zielen entgegen. Niemals rückwärts blickend und sagen, dass früher einiges besser gewesen sein soll.

Nun verabschiede ich mich wie immer mit einem lachenden und einem weinenden Auge. Das Buch ist für mich abgeschlossen, die letzten Buchstaben sind geschrieben. Dann war es das, dies ist das weinende Auge, aus und vorbei.

Mein lachendes Auge, weil es dich weiterbringt, wenn du es konsequent in dein Leben integrierst. Jeden Tag ein Stück mehr und ich weiß eines, viele meiner Leser sehe ich auf den Seminaren und das ist klasse. Dies ist für dich eine große Vertiefung des Gelesenen und durch die Gruppe entsteht eine wundervolle Gruppendynamik.

Abonniere gleich den Erfolgsnewsletter unter www.crameri-newsletter.de und die Erfolgszitate unter www.erfolgszitate.de und den Podcast www.ergebnisorientiert.com, dadurch bist du immer auf dem Laufenden.

Alles alles Liebe und Gute für dich, fühle dich umarmt und habe das Leben, von dem du schon immer geträumt hast.

Dein Ernst Crameri

Meine und unsere Dienstleistungen

Da ich der Meinung bin, dass das Leben spannend und aufregend ist, habe ich mich nie mit einer einzigen Sache begnügt. Ich wollte immer wesentlich mehr tun und haben. Ein Mensch hat unendliche Fähigkeiten, darum gilt die Theorie von „Schuster bleib bei Deinen Leisten" schon lange nicht mehr. Vergessen Sie das, und man den erlernten Beruf beibehalten sollte, ist auch ein Ammenmärchen. Das Leben ist vielseitig und spannend, wenn wir etwas daraus machen. Deshalb freue ich mich sehr, Ihnen die verschiedensten Dienstleistungen vorzustellen. Gemeinsam mit meinem Team ist es unser Anliegen, Sie in Ihrer Weiterentwicklung zu unterstützen, Sie zu verwöhnen und dazu beizutragen, dass Sie ein wundervolles Leben auf Erden führen können.

Hier die Dienstleistungen nach alphabetischer Reihenfolge
Wählen Sie aus dem großen Leistungsspektrum und fragen Sie nach den Konditionen. Gerne sind wir für Sie da und beantworten Ihnen alle Fragen, denn glückliche und begeisterte Kunden sind unser Ziel.

- Bücher
- Einzelbehandlungen (Fitness/Wellness/Schönheit)
- Erfolgsproduzent und –coachings
- Events
- Hoteltesting
- Hörbücher
- Mystery X Tests
- Naturkosmetik-Produkte
- Privat-Jet
- Reisen

- Seminare
- Vorträge

Bücher schreiben

Sie erhalten von uns Bücher, zu den verschiedensten Themen, rund um das Leben. Ebenso bieten wir Ihnen das Ghostwriting an. Das heißt, wir schreiben mit Ihnen und für Sie Ihr Buch. Ganz wichtig für Unternehmer, denn ein eigenes Buch schafft eine wunderbare Reputation. Wenn Sie ein neues Produkt auf den Markt bringen, ist es ideal, wenn Sie das passende Buch dazu anbieten. Als Fachmann zeigen Sie durch ein eigenes Buch eine hohe soziale Kompetenz.

Unsere Kunden, die sich von der Masse der Mitbewerber abheben wollen und damit einen anderen Nimbus erhalten. **Ärzte,** die ihre spezielle Behandlung publizieren. **Hotels,** die über ihr Haus mit besonderen Eigenheiten berichten. **IT-Firmen,** die etwas Neues entwickelt haben, weitere Firmen, quer durch alle Branchen und natürlich Privatpersonen.

Wieso Ernst Crameri: Weil er zurzeit bereits 67 Bücher geschrieben hat und weitere folgen. Weil er weiß, wie es in der Branche abgeht, welche besonderen Kenntnisse erforderlich sind, ein Buch zu schreiben und zum Erfolg zu bringen.

Einzelbehandlungen (Fitness/Wellness/Schönheit)

Wir leben nur ein Mal und unseren Körper nennt man auch den Tempel, in dem die Seele und der Geist wohnt. Damit der Organismus lange auf einem hohen Level funktioniert, ist es dringlich, dass wir ihn pflegen, für ihn da sind. Bei uns erhalten Sie Behandlungen von Kopf bis Fuß. Von intensiver Massage, über fernöstliche Behandlungen und den verschiedensten Spezialanwendungen. Näheres auf der Webseite www.wellness-einzelbehandlungen.de.

Unsere Kunden sind Menschen, die mehr für sich tun wollen. Den Zeitgeist klar erkannt haben, wie wichtig es ist, dass man sich behandeln und pflegen lässt. Vom jungen Menschen, bis hin ins höchste Alter hinein. Männer wie Frauen, die sich verwöhnen lassen.

Wieso Ernst Crameri: Weil er aufgrund der 40-jährigen Erfahrung einen riesigen Fundus an Wissen und Können mitbringt. Durch die Hotelberatungen und -tests weiß er auch, wie es läuft. Ein qualifiziertes Team an Behandlern wartet auf Sie.

Erfolgsproduzent – und coachings

Als Erfolgreicher ist eines wichtig, das Erfolgswissen weiter zu vermitteln und anderen Menschen zu helfen, zum Erfolg zu gelangen. Das ist in jeder Hinsicht eine wundervolle Aufgabe. Es gibt verschiedene Arten von Coachings, einmal vor Ort in den Firmen, dann am Telefon. Es geht mit täglichen und wöchentlichen Coachings los. Wenn eine Veränderung stattfinden soll, ist es dringlich, dass man dranbleibt. Denn die alten Gewohnheiten lassen sich nicht über Nacht über Bord werfen. Es ist stets ein längerer Prozess, ein Reifeprozess, der da stattfindet.

Wer sind die Kunden, von kleinen Kindern bis hin ins höchste Alter. Es sind Menschen, welche die stärkende und beschleunigende Funktion des Coachings für ihre Entwicklung nutzen möchten oder Menschen, die Grundlegendes in ihrem Leben verändern möchten. Für die es so, wie bisher nicht mehr weiter gehen kann. Wichtig dabei ist der klare, eiserne Wille zur Veränderung. Von Einzelpersonen aus allen Schichten und Berufszweigen, bis hin zu großen Firmen.

Wieso Ernst Crameri: Weil er weiß, wie man aus Menschen Spitzenleistungen rausholt, diese mit einem Lachen und dennoch der nötigen Ernsthaftigkeit zum Erfolg führt. Erfolg ist kein Zufall, sondern planbar.

Events

Wir organisieren große Events, für die verschiedensten Veranstalter. Dabei übernehmen wir die komplette Dienstleistung der Lokationssuche, bis hin zum Catering und kompletten Handling, damit die Veranstaltung reibungslos abläuft. Unsere Erfahrung beruht auf der Organisation von vielen eigenen, wie auch Kunden-Events in der gesamten Welt. Viele Firmen vertrauen uns und lassen für ihre besten Mitarbeiter Incentives ausrichten.

Wer sind unsere Kunden, Firmen und Seminarveranstalter, die das Handling einem Profi überlassen. Genauso wie Einzelpersonen, die ein außergewöhnliches Fest, wie zum Beispiel Hochzeit, Geburtstag oder sonstige Festivitäten ausrichten.

Wieso Ernst Crameri: Events zu organisieren erfordert einen riesigen logistischen Aufwand, es sind viele Parameter, die zusammen spielen, damit es reibungslos über die Bühne geht. Ein qualifiziertes Team steht Ihnen mit Ernst Crameri während der Veranstaltung vor Ort zur Verfügung und managt den gesamten Ablauf.

Hotel- und Schiffstesting

Es gibt viele Hotels und auch Schiffe, die leider manchmal noch nicht ihre Performance erreicht haben. Sehr oft stimmt die Hardware komplett, jedoch die Software passt nicht. Beim Team, angefangen von der Direktion bis hin in die einzelnen Abteilungen, da klemmt es oft.

Wer sind unsere Kunden, von kleinen Hotels und Schiffen, bis hin zu großen Hotelketten und Reedereien. Alle Dienstleister, die bereit sind, eine höhere Wertschätzung den Kunden, den Gästen gegenüber aufzubringen und das Gastdasein auch entsprechend zelebrieren.

Wieso Ernst Crameri: Weil er 80% seiner Zeit on the way ist und dies fast immer in Hotels. Das hat ihn dazu bewogen, das Buch „Servicewüste Hotels“ vollgepackt mit Tipps und Know-how.

Hörbücher

Hörbücher als wunderbares Instrument, für die Fort- und Weiterbildung. Ideal beim Autofahren, als sogenannte rollende Universität, um neues Wissen zu erlangen. Ebenso beim Sport und auch im Alltag einsetzbar.

Wer sind die Kunden, von der Einzelperson bis hin zu Firmen, die für ihre Mitarbeiter die Hörbücher bestellen und verschenken. Oder sogar als Pflichtprogramm für das eigene Team einsetzen. Nur wer permanent trainiert, hat Erfolg.

Wieso Ernst Crameri: Weil er mit seiner Sprache voller Begeisterung, die Leute motivieren kann. Die Sprache und Ausdrucksweise muss fesselnd sein und die Zuhörer begeistern. Es muss im Gegenüber etwas ausgelöst werden. Ein sich Wiederfinden, um in die Umsetzung zu gelangen. Umso hilfreicher, wenn es in einer Sprache geschieht, die den Menschen eigen ist, keine hochakademischen Worthülsen, sondern Kommunikation auf Augenhöhe.

Mystery X Tests

Als Kunde in Geschäfte gehen und einkaufen, den Service, die komplette Dienstleistung zu überprüfen, um nachher die positiven wie negativen Seiten mit der Geschäftsleitung und dem Team zu analysieren. Danach in die Veränderung zu gehen, durch Training vor Ort.

Wer sind die Kunden, jeder der ein Geschäft hat und auf Servicequalität und Kundenzufriedenheit großen Wert legt. Denn die heutige Konkurrenzsituation ist riesig, wenn ein Kunde nicht zufrieden ist, geht er gleich. Dies gilt es zu vermeiden, und für die Kunden stets die allerbeste Leistung zu bieten.

Wieso Ernst Crameri: Weil er die Zusammenhänge schnell erkennt und die Firmen wieder in den positiven Mehrwertbereich für die

Kunden führt. Jede Firma hat sogenannte Leichen im Keller, aber auch Goldadern. Erstere gilt es zu eliminieren und die Goldadern zu bergen, um Erfolg auf der ganzen Linie zu haben.

Naturkosmetik-Produkte

Herstellung und Vertrieb der eigenen Crameri-Naturkosmetik-Produktelinie, seit fast 30 Jahren. Kein riesiges Sortiment, sondern ein straffes und hochkarätiges, für jeden Hauttyp. Spannend auch als White-Labeling, die Produkte erhalten das Etikett des Kunden und sind somit seine eigene Produktlinie.

Wer sind die Kunden, der Endverbraucher, welcher jeden Monat die Produkte für den persönlichen Bedarf bezieht. Schönheitsfarmen, Kosmetikstudios, Friseure, Masseure, Physiotherapeuten, Farb- und Stilberaterinnen, Fußpfleger, Fachgeschäfte und Hotels beziehen die Produkte. Bei White-Labeling handelt es sich um Kunden.

Wieso Ernst Crameri: Weil die Crameri-Naturkosmetik GmbH seit 40 Jahren erfolgreich auf dem Markt ist, und Sie in ihr einen zuverlässigen Partner an Ihrer Seite haben. Von der Produktion bis hin zur Vermarktung.

Privat-Jet

Ein absoluter Traum, in den Privat-Jet einzusteigen und dies ohne lange Kontrollen und Warten. Die Maschine steht bereit, die Triebwerke angemacht, Sie fahren an und wenige Minuten später befindet sich der Jet bereits in der Luft. Schneller und bequemer geht es nicht.

Wer sind die Kunden, Einzelpersonen, die schnell von A nach B müssen. Skiflüge nach St Moritz, zum Autorennen nach Monte Carlo, nach Sylt und weitere spannende Flüge. Firmen, die ihre besten Kunden oder Mitarbeiter zu einem Incentive einladen. Auch Privatpersonen, die das Besondere lieben.

Wieso Ernst Crameri: Weil die Firma seit über 29 Jahren in diesem Metier vertreten ist. Ernst Crameri ist in der Regel stets persönlich dabei und betreut die Gäste vor Ort.

Reisen

In die gesamte Welt, am meisten Kreuzfahrten auf Flussschiffen und auf den Weltmeeren. Mit wunderbaren Rahmenprogrammen, wie besonderen Ausflügen, Vorträgen und Seminaren. Ebenso exklusive 5* Hotels, auf der ganzen Welt.

Wer sind die Kunden, Einzelpersonen, die gerne auf den Events dabei sind und Firmen, die Incentivereisen für ihr Team und ihre Kunden durchführen. Die besondere Belohnung für außergewöhnliche Menschen.

Wieso Ernst Crameri: Weil er die schönsten und besten Schiffe persönlich kennt. Bei den Reisen meistens selbst dabei ist, sodass der direkte Kontakt gegeben ist. Und wenn er nicht dabei ist, gibt es perfekte Betreuung durch sein qualifiziertes Team.

Seminare

Zum Thema Erfolg und alles, was damit zusammenhängt, ganzheitliche Rhetorik, Erfolgsdenken, Geldseminare, Ausbildungen zum Beauty&Wellness-Spezialisten, Social Media und vieles mehr.

Wer sind die Kunden, Einzelpersonen, die sich fort- und weiterbilden möchten. Firmen, die ihr Team zum Training und zur Ausbildung schicken.

Wieso Ernst Crameri: Durch Tausende von Schulungen und Seminaren, Top im Training und stets auf dem Laufenden. Ferner Mitglied bei der GSA, German Speakers Assoziation. Mit großer Leidenschaft und Begeisterung auf vielen Veranstaltungen dabei. Seminare von der Wiege bis zur Bahre, ist eine seiner Maximen.

Vorträge

Spannende und fesselnde Vorträge vor kleinem und großem Publikum. Vorträge zu den verschiedensten Themen rund um das Thema Erfolg, Durchhaltevermögen, Zielsetzung, Lebenswerke und zum kompletten Persönlichkeitsthema.

Wer sind die Kunden, Organisationen, die ihn engagieren, Verbände, Vereine und Firmen. All jene, die Idee, Gedanken, Innovationen zulassen und die Veränderung im heutigen Zeitalter bewirken möchten. Die den Weg schaffen wollen, in eine Welt des Erfolges. Ebenso offene Seminare, die von Ernst Crameri direkt durchgeführt werden.

Wieso Ernst Crameri: Durch die brillante Sprache und Ausdrucksweise, ein fesselnder Redner, welcher das Publikum begeistert. Sein Schweizer Akzent und Humor begeistert die Zuhörer im In- und Ausland. Vorträge in Rätoromanisch, Italienisch, Französisch, Hochdeutsch und Schweizer Deutsch. Gewinner des internationalen Speaker Slam Awards.

Bei Fragen wenden Sie sich bitte direkt an

Crameri-Naturkosmetik GmbH
Mannheimerstr. 11b
67098 Bad Dürkheim
Tel. 0049-6322-5734
Fax 0049-6322-66071
E-Mail: Sekretariat info@crameri.de
Geschäftsleitung: gn@crameri.de
Website: www.crameri.de

Ein Auszug aus unseren Werken

Ein Millionär als Traumpartner

ISBN: 978-3-86689-000-8
19,80 € (D)

Fange endlich an zu leben

ISBN: 978-3-86689-001-5
19,80 € (D)

Wahrheit und Klarheit im Kosmetik- und Wellness-Institut

ISBN: 978-3-86689-002-2
19,80 € (D)

Horror - Eingewachsene Zehennägel

ISBN: 978-3-86689-003-9
19,80 € (D)

Gib niemals auf, sei kein Verlierer

ISBN: 978-3-86689-008-4
19,80 € (D)

Bist Du ein Mörder?

ISBN: 978-3-86689-004-6
19,80 € (D)

Bist Du ein Huhn oder ein Adler

ISBN: 978-3-86689-018-3
19,80 € (D)

Der unendliche Schmerz der Verlassenen

ISBN: 978-3-86689-009-1
19,80 € (D)

Servicewüste Hotels

ISBN: 978-3-86689-010-7
29,80 € (D)

Hast Du auch diese schlimme Krankheit – Verschieberitis

ISBN: 978-3-86689-005-3
24,80 € (D)

Wieso hast Du so wenig Durchhaltevermögen

ISBN: 978-3-86689-006-0
19,80 € (D)

Höre endlich auf zu jammern

ISBN: 978-3-86689-022-0
19,80 € (D)

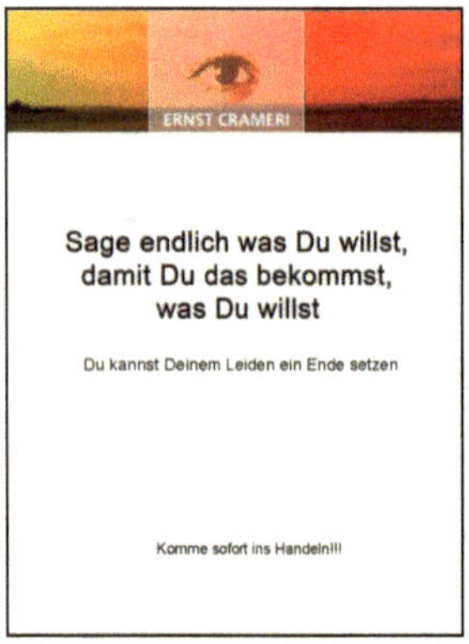

Sage endlich was Du willst, damit Du das bekommst, was Du willst

ISBN: 978-3-86689-014-5
19,80 € (D)

Sprich nie mehr negativ

ISBN: 978-3-86689-013-8
19,80 € (D)

Die 20 Erfolgsverhinderer

ISBN: 978-3-86689-021-3
24,80 € (D)

Alles hat seinen Preis

ISBN: 978-3-86689-0206
19,80 € (D)

Lifelong learning und Du wirst unschlagbar

ISBN: 978-3-86689-015-2
19,80 € (D)

Beschwerdemanagement die Chance Fans zu gewinnen

ISBN: 978-3-86689-025-1
19,80 € (D)

Mit dem Erfolgsbuch zum Erfolg

ISBN: 978-3-86689-017-6
19,80 € (D)

Hast Du Deine große Lebensvision

ISBN 978-3-86689-019-
19,80 € (D)

Ungeduld ist der Tod jedes Erfolges

ISBN: 978-3-86689-026-8
19,80 € (D)

Jeder hat aus seiner Sicht recht

ISBN: 978-3-86689-028-2
19,80 € (D)

Ich lebe meinen Lebensstil

ISBN: 978-3-86689-027-5
19,80 € (D)

Einen Partner übers Internet

ISBN: 978-3-86689-016-9
19,80 € (D)

An ihren Taten sollst Du sie erkennen

ISBN: 978-3-86689-031-2
19,80 € (D)

Unser Lebenszug rollt und rollt

ISBN: 978-3-86689-029-9
19,80 € (D)

Vita von Ernst Crameri

Ernst Crameri erblickte im Oktober 1959 in St. Moritz (Schweiz) das Licht der Welt. Er wuchs in einem einfachen Elternhaus auf. Als kleines Kind machte er meist das Gegenteil von dem, was von ihm erwartet wurde. Im Kindergarten und der Schule ging es oft rund. Als Heranwachsender machte er jeden Streich mit, und durfte dafür an freien Nachmittagen im Sommer Rasen mähen und im Winter zum Schneeschaufeln auf dem Schulhof antreten.

Sein Traum war, ein Leben im Reichtum. Prägend waren vier Schlüsselerlebnisse. Im Winter wollte er neue Skier und einen Skipass. Sein Vater konnte nicht beides kaufen. Da ging er mittags nach der Schule in ein Kohle/Holzlager. Dort schaufelte er Kohle und stapelte Holz. Dadurch konnte er sich mit 12 Jahren einiges leisten. Dieses Gefühl der Freiheit war für ihn gigantisch. Das zweite Erlebnis war in der Schule, wenn es galt einen 2 bis 3-seitigen Aufsatz zu verfassen. Er fand das super, und so wurden es meist Werke mit über 30 Seiten. Diese Aufsätze wurden vorgelesen und prämiert.

Sein Traum war Koch zu werden und so schickte ihn sein Vater nach Lenzerheide, zu einem Cousin, der einen Hotelbetrieb führte, in die Schnupperlehre. Gleich musste er als Koch einspringen und die Schikanen nahmen täglich zu. Als er das Zimmer mit weiteren Mitarbeitern teilen musste und sein erster Lohn aus dem Zimmer gestohlen wurde, ging es den Berg runter.

Sein Vater war begeistert, dass die Verwandtschaft aus Ernst einen lebensgerechten Menschen formt, ganz nach seinem Geschmack. Die Mutter war den Tränen nahe, als ihr Sohn die Lehre aufgab. Ernst griff zur äußersten Maßnahme und legte sich beim Unterricht mit dem Rektor an. Er flog im hohen Bogen von der Schule und damit
atisch das Thema Kochausbildung beendet. Dies war das
sselerlebnis.

Danach begann er in St. Moritz in einem Sportgeschäft eine Lehre als Kaufmann. Der zweite Tag, kurz vor Feierabend brachte den Durchbruch. Da kam eine südamerikanische Familie ins Geschäft. (12 Personen) Das Oberhaupt sagte einen einprägsamen Satz „We need only the best" das kannte er bisher nicht. Nach gut einer Stunde war der Einkauf beendet und Ernst durfte an der Kasse eintippen, da stand die Zahl von CHF 128.000,00. Der Chef fragte ihn „Was schaust Du so?" Er zeigte auf die Kasse und da meinte der Inhaber „Daran wirst Du Dich gewöhnen!"

Das war für ihn eine neue Welt. Kurz darauf kam der Skilehrer, der die Familie gebracht hatte, ins Geschäft und bekam CHF 12.800,00 für die Vermittlung. In dem Moment war für Ernst klar, dass er den Weg gehen wird. Nach der Lehre verließ er das Sportgeschäft. Im Winter war es klar, den Weg als Skilehrer zu gehen. Die Überbrückung war das Thema, also was tun im Sommer und so arbeitete er eine Zeit lang als Hilfsarbeiter bei einer Dachdeckerei.

Es war nicht der Traumjob, er brauchte aber Geld und damit wieder Unabhängigkeit. Der Versuch als Tennislehrer oder Golflehrer tätig zu sein, war von kurzer Dauer. Er heuerte bei einer Baufirma an. Wenige Tage später stellte ihm jemand ein Bein, obwohl niemand in seiner Nähe war und er rutschte den Hang herunter. Notarzt, Intensivstation und Therapie. Er ging ins Heilbad zur Therapie. Dort freundete er sich mit einem der Therapeuten an und fand Gefallen an dieser Arbeit.

Er ließ sich zum Masseur und Therapeuten ausbilden. Sein Traum war, auch Kosmetiker zu sein. Das war zur damaligen Zeit ein Ding der Unmöglichkeit. Die Schulen wollten von einem Mann nichts wissen. Ergo sprach er mit einer Kosmetikerin und machte mit ihr ein Geschäft, sie bekommt regelmäßig Massagen und bildet ihn dafür zum Kosmetiker aus. Ernst war immer sehr schnell lösungsorientiert. Im Winter war er als Skilehrer tätig. Morgens vor Skibeginn, fuhr er mit seiner tragbaren Massageliege von Villa zu Villa, von Hotel zu

Hotel. Danach den Tag über Skiunterricht und abends wieder Massagen und Kosmetikbehandlungen.

Danach als Discjockey, bis frühmorgens. Kurz ins Bett und dann ging es wieder von vorne los. Im Sommer besuchte er seine Gäste im In- und Ausland. Abgeholt von Privatjets, auf Jachten, in Villen. Da verliebte er sich in die Tochter eines Industrieellen. Das fand der Vater nicht so gut. Einen Tag später musste er die Villa verlassen, das war ein herber Schlag in seinem vermeintlichen Erfolgsleben.

Dadurch verstand er, dass man nur reich ist, wenn man das Geld auch selbst in den Händen hält. Als Masseur, Kosmetiker, Skilehrer und Discjockey hatte er ein vierfaches Einkommen. Entsprach aber nie dem Einkommen seiner Gäste, die ihn als Skilehrer zum Beispiel zum Mittagessen einluden. Das kostete gleich mal CHF 600,00, und wenn er als Skilehrer essen ging, waren es gerade CHF 8,00! CHF 800,00 waren sein Monatslohn, das hat ihn sehr beschäftigt.

Für den Sommer hatte er für Australien einen Vertrag als Austauschskilehrer in der Tasche. In der letzten Woche lernte er eine Frau aus Deutschland kennen, die später seine Ehefrau wurde. Er hat es nicht übers Herz gebracht, wegzufliegen und stornierte den Vertrag. Er pendelte einige Jahre zwischen Deutschland und der Schweiz hin und her. Da er nicht als Angestellter arbeiten wollte, startete er mit der Selbstständigkeit als Masseur/Kosmetiker.

Um überhaupt Fuß zu fassen, lief er von Haustüre zu Haustüre und klingelte. Ab und an ließ ihn jemand herein und so baute er sich einen kleinen Kundenstamm auf. Um sich stärker zu etablieren, engagierte er sich als Dozent an der Volkshochschule, beim Hausfrauenbund, bei Vereinen/Verbänden. Dadurch gelangte es ihm schnell, sich einen soliden Kundenstamm aufzubauen.

Später kam ein Haus der Schönheit hinzu, die ersten Schönheitsfarmen, eine eigene Naturkosmetik-Produktelinie. Permanente Fort-

und Weiterbildungen im In- und Ausland. Er hat in der Schweiz die Chance erhalten, als Referent und Ausbilder für Gesundheitsberufe tätig zu sein. Das machte ihm viel Spaß vor Menschen zu stehen und sie zu lehren. Immer mehr Coachings kamen dazu, Trainings, Seminare und so baute er verschiedene Geschäftszweige auf. Sein größter Wunsch ist dank ganz viel Fleiß und Durchhaltevermögen in Erfüllung gegangen, für andere Menschen da zu sein und ihnen den Weg des Erfolges zu zeigen. Mit zurzeit über 67 Büchern, circa 200 Seminartagen und unzähligen Coachings ist er für die Menschen da. Sein großes Credo **„Es gibt ein Leben vor dem Tod!"**